IMPÉRIO DO CAFÉ

A grande lavoura no Brasil 1850 a 1890

Ana Luiza Martins

Coordenação:
Maria Helena Simões Paes
Marly Rodrigues

16ª Edição

Conforme a nova ortografia

ATUAL EDITORA

SARAIVA S.A. Livreiros Editores

Rua Henrique Schaumann, 270 – Pinheiros
CEP 05413-909 – São Paulo – SP
Fone: (0xx11) 3613-3000
Fax: (0xx11) 3611-3308 – Fax Vendas: (0xx11) 3611-3268
www.editorasaraiva.com.br

Dados Internacionais de Catalogação na Publicação (CIP)

Martins, Ana Luiza.
Império do café : a grande lavoura do Brasil, 1850 a 1890 / Ana Luiza Martins ; coordenação Maria Helena Simões Paes, Marly Rodrigues. — São Paulo : Atual, 2009 — (História em Documentos)

Bibliografia.
ISBN 978-85-7056-290-6

1. Brasil - História (ensino médio) 2. Café-Brasil 3. Café-Brasil - História I. Título. II. Série.

CDD - 981.007
- 338.173730981
- 633.730981

Série **História em Documentos**

Editora: Sonia Junqueira
Assistentes editoriais: Henrique Félix/Thaís H. Falcão Botelho
Preparação de texto: Renato Nicolai
Revisão: Noé G. Ribeiro/Ivana Jinkings/Maria de Lourdes Chaves Ferreira
Diagramação: Tania Ferreira de Abreu
Arte: Ricardo Yorio
Produção Gráfica: Antonio Cabello Q. Filho e Silvia Regina E. Almeida
Consultoria para o desenvolvimento do projeto: Edgard Luiz de Barros
Projeto gráfico: Ethel Santaella
Capa: Avelino Guedes (baseado na foto de Guilherme Gaensly in "São Paulo, 1990" de Boris Kossoy)
Fotos: Ricardo Yorio
Mapas: Sônia Regina Vaz
Roteiro de leitura: Ana Luiza Martins
Composição: AM Produções Gráficas
Fotolito: Binhos/Priscor

16ª edição – 2ª tiragem
2009

Agradecimentos ao Instituto de Estudos Brasileiros da USP pelos originais cedidos.

Visite nosso *site*: www.atualeditora.com.br
Central de atendimento ao professor:
0800-0117875 Demais localidades

Impressão e Acabamento: **CHERMA** Industria da Arte Gráfica

SUMÁRIO

Parte I

Parte II

Apêndice

Para Laura e Marta Junqueira Bruno,
que fazem parte desta história,
por dentro e por fora.

Parte dos documentos aqui reunidos
foi selecionada na biblioteca
de Cilda e Mauro de Alencar.
A ambos sou muito grata.

"Para estudar o passado de um povo, de uma instituição, de uma classe, não basta aceitar ao pé da letra tudo quanto nos deixou a simples tradição escrita. É preciso fazer falar a multidão imensa dos figurantes mudos que enchem o panorama da História e são muitas vezes mais interessantes e mais importantes do que os outros, os que apenas escrevem a história."

(Sérgio Buarque de Holanda)

Nota do Editor: A qualidade da reprodução fotográfica de alguns documentos ficou comprometida pela antiguidade das fontes.

PARTE I

O café: origens, roteiros, boatos e que tais....

"Seca todo o humor frio, fortifica o fígado, alivia os hidrópicos pela sua qualidade purificante, igualmente soberana contra sarna e a corrupção do sangue, refresca o coração e o bater vital dele, alivia aqueles que têm dores de estômago e que têm falta de apetite, é igualmente bom para as disposições frias, úmidas ou pesadas do cérebro..."

(Anúncio parisiense do século XVIII.)

Apesar das excelentes qualidades atribuídas à fruta exótica do Oriente, não foi fácil a aceitação do café nos centros civilizados europeus no século XVI. A começar pela sua origem. Procedente da Abissínia (Etiópia), ao norte da África, terra de muçulmanos, exatamente da região de Kaffa, de onde lhe vem o nome, o café era identificado como alimento procedente do lado herege do mundo, associado a um "estimulante pecaminoso", consumido por elementos pagãos que se opunham à religião católica.

Além das razões religiosas, era temido pela ameaça econômica, pois também os mercadores de vinho viam no café um sério concorrente, passando, por isso, a desacreditá-lo. Frederico, o Grande, para melhor controlar aquele comércio em franco desenvolvimento, tornou-o monopólio estatal, ou seja, produto comercializado apenas pelo governo.

Toda essa contrapropaganda foi em vão.

O café era gostoso mesmo e a sementinha vermelha vinha com outros atrativos: era exótica como as drogas do Oriente, como se fosse uma especiaria, o que acabava por torná-la uma bebida rara, encontrada em poucas mesas, chique, cobiçada e, finalmente, muito apreciada. Era o "licor do Oriente". Em breve, seria o "licor dos trópicos".

A coqueluche da Europa

A porta de entrada do café na Europa foi a cidade de Veneza, o grande mercado de especiarias e artigos de luxo, centro difusor de produtos finos distribuídos para as cortes europeias. Logo em seguida, os países interessados e que dispunham de frotas, como a Holanda, a Inglaterra, a França e Portugal, passaram a trazê-lo diretamente da África, através das navegações que então aconteciam pelos oceanos Índico e Atlântico.

Particularmente em Londres, foi tão grande sua aceitação que deu origem às famosas *coffee-houses*, ponto de encontro de altos comerciantes, banqueiros, políticos e intelectuais. Fala-se em 3 000 *coffee-houses* em Londres, por volta de 1708, alegando-se na época que:

> *[...] Zelosos da saúde e da bolsa, os londrinos não gostavam de reunir-se em tabernas, mas começaram a frequentar os cafés, porque uma xícara desta bebida, recentemente importada da Turquia, custava apenas um penny e acreditava-se que curasse males ligeiros. [...]*
>
> (*Cambridge History of English Literature.*)

E assim foi na Itália, na França e em Portugal, onde se tem notícia dos mais famosos cafés do mundo... Basta lembrar o Café Procope, de Paris, ponto de reunião dos célebres revolucionários franceses. Na Alemanha, a moda do café foi tamanha que o compositor Johann

Sebastian Bach compôs, em 1732, *A cantata do café*, em que exaltava as qualidades da bebida.

Em princípios do século XVIII, o produto já era francamente aceito, fornecido agora pelas plantações do Haiti, colônia da França, que estimulara seu cultivo em larga escala. Embora bastante divulgado, o produto não se banalizou. Guardou um forte apelo de bebida exótica, rara e cobiçada. Tão requintado era seu consumo, que as sementes, tratadas como objeto precioso, passaram a ser presenteadas entre pessoas de fino trato e bom gosto. Era um luxo!

Um presente clandestino

Foi nessas circunstâncias que a *Coffea arabica* (nome científico da planta) chegou ao Brasil, ou seja, como presente elegante, oferecido clandestinamente pela Sra. Orvilliers, esposa do governador de Caiena (capital da Guiana Francesa e vizinha do grande produtor Haiti), ao sargento-mor Francisco de Melo Palheta, que lá se encontrava no ano de 1727.

Retornando ao Pará, onde residia, Melo Palheta plantou e cultivou a preciosa semente, que foi adotada na época como muda rara, ornamento de jardim, quase um enfeite. E foi com o caráter de planta exótica de jardim e quintal que do Norte atingiu o Sul do país, cultivado no máximo para consumo doméstico. E chegou ao Rio de Janeiro por volta de 1776.

Os senhores de engenho fluminenses, habituados a plantar a cana-de-açúcar, não se predispunham a experimentar a nova cultura do café. Nem mesmo recebendo instruções das autoridades, que acenavam com a importância do produto, incentivando seu plantio e criando para isso condições favoráveis. Aos poucos, porém, esses agricultores perceberam que o açúcar não era mais um produto de consumo garantido no mercado internacional, sobretudo por causa da concorrência do açúcar das Antilhas. Entre as incertezas do açúcar e do declínio do ouro das Minas Gerais, os lavradores do Rio de Janeiro, com má vontade de início, resolveram experimentar o café. Era o momento propício, pois o maior produtor e exportador, o Haiti, enfrentando então prolongada guerra de independência, deixara de suprir o mercado internacional. Ficava assim aberta uma brecha nesse mercado, que acabou por ser ocupada pelo Brasil.

Um esclarecimento importante

Cabe lembrar que, nesse momento, vivia-se na Europa a Revolução Industrial. Aos países que se industrializavam, como a Inglaterra e a França, não interessava dedicar-se à agricultura de exportação, pois ambos concentravam toda sua força de trabalho na atividade industrial, envolvidos com a exportação de suas mercadorias e investimentos financeiros que propiciavam altos lucros. Entretanto, também sob seu controle, incentivavam a produção agrícola nos países dependentes da economia europeia, geralmente colônias da América, que passaram assim a suprir o mercado europeu de produtos agrícolas. Acentuou-se, portanto, nesse momento, uma divisão internacional do trabalho, onde aos países industrializados europeus reservava-se a atividade nas indústrias e o controle das maiores rendas; aos países dependentes, de economia periférica, restava a atividade agrícola, apoiada em sua maioria na mão de obra escrava. Ao Brasil, então ainda colônia de Portugal, sem permissão de instalar qualquer tipo de fábrica, com imensa extensão rural e farta mão de obra escrava, só restou plantar café.

As condições favoráveis

Os apelos de fora eram muitos.

Na Europa e nos Estados Unidos elevava-se o consumo da bebida, sendo necessário suprir aqueles mercados; a navegação marítima atravessava uma fase de expansão, propiciando facilidades no transporte do produto; a revolução nas Antilhas (1789), elevando os preços do café, deixava o mercado a descoberto, beneficiando os concorrentes.

Os apelos internos também existiam.

No Brasil, havia condições de clima e solo favoráveis, mão de obra farta e barata — inicialmente de escravos e mais tarde de imigrantes —, antigas instalações dos engenhos de açúcar que se prestavam ao beneficiamento do café e, finalmente, a disponibilidade de capitais para investir na nova cultura.

Que capitais eram esses?

Capitais de antigos mineradores, que com escravos e ferramentas ociosas resolveram experimentar o plantio do café; capitais de comerciantes do Rio de Janeiro, São Paulo e Minas Gerais — tropeiros e atacadistas urbanos na sua maioria — também interessados em investir na lavoura cafeeira. Após 1850 o investimento na nova cultura aumentou, pois com a abolição do tráfico de escravos o que se aplicava naquele comércio foi investido na aquisição de terras; mais tarde, também capitais estrangeiros foram investidos na lavoura do café, dando-se por fim a capitalização do próprio setor cafeeiro; isso permitiu maiores inversões naquela cultura, propiciando a melhoria do maquinário, a recuperação de estradas e até a instalação de ferrovias, que barateavam o escoamento do produto, aumentando os lucros, diversificados agora entre o comércio, a indústria nascente e os investimentos financeiros. Mas isso já é outra história... Retomemos do início, lá da chegada do café ao Rio de Janeiro, por volta de 1776...

A onda verde

Ainda ao final do século XVIII, sementes e mais tarde mudas de café começaram a ser plantadas intensamente na cidade do Rio de Janeiro. Além da famosa plantação dos padres capuchinhos (conhecidos então por *barbadinhos*), há referências ao cafezal do holandês João Hoppman na Estrada de Mata Porcos, do belga Molke na Tijuca, do russo

Langsdorff na Fazenda Mandioca e do Dr. Lessesne, antigo lavrador de São Domingos, que plantou 60 000 pés de café em sua fazenda de Jacarepaguá, funcionando como fornecedor de mudas e orientador do cultivo da rubiácea*.

A cidade do Rio de Janeiro transformou-se em imenso cafezal, que cobria os morros da Gávea, Corcovado, Tijuca e região de Jacarepaguá. Daí, seu cultivo tomou novos rumos.

Expandiu-se inicialmente pela baixada fluminense e pelo vale do Paraíba fluminense, tendo como grandes produtores os municípios de Vassouras, Valença, Barra Mansa e Resende. Chegou a entrar em Minas Gerais, na Zona da Mata entre 1791 e 1798.

Por volta de 1790 avançou pelo vale do Paraíba paulista, inicialmente na cidade de Areias e a seguir em Bananal, São José do Barreiro e Silveiras. No centro-oeste paulista havia plantações de café em Campinas desde 1830, que se estenderam para Limeira, Rio Claro, São Carlos, atingindo o ponto extremo, quase desabitado, dos campos de Araraquara. Em 1890 alcançavam Ribeirão Preto, no nordeste paulista.

Assim, entre 1727 e 1830, o café deixava de ser plantado unicamente para o "gasto da casa". Caminhava para tornar-se, a partir de 1840, o primeiro item das exportações brasileiras, tendo como compradores preferenciais a Europa e especialmente os Estados Unidos da América.

Semear ou plantar, colher, beneficiar, comercializar, exportar...

Desde o início, o café foi mal plantado. Os agricultores adotaram a técnica primitiva, herdada da lavoura colonial, de derrubar a mata e queimar a roça. Com esse procedimento o solo se esgotava rapidamente e o pé de café tinha curta duração, obtendo-se apenas vin-

* As palavras com asterisco são definidas no Vocabulário, no final do livro.

te anos, no máximo, de produção, após o que se devia partir para novas terras. Por isso seu caráter de cultura intinerante*, sempre em busca de terras virgens.

A princípio plantavam-se sementes ou mudas de um palmo de altura em covas adubadas de 30 cm de profundidade, geralmente no mês de setembro. Após três anos vinha a primeira florada e no quarto ano a primeira colheita. O rendimento máximo se dava entre seis e oito anos. Aos quarenta anos a árvore do café encerrava seu ciclo produtivo, embora permanecesse exuberante por cem anos. Hoje observamos ainda muitos pés de café centenários enfeitando os jardins das cidades...

Colheita, beneficiamento, ensacamento, despacho até os portos de exportação eram as operações seguintes, que envolviam larga mão de obra — escravos, tropeiros e mais tarde os comissários, agentes de venda do produto e responsáveis pela sua colocação no mercado externo.

Uma unidade de produção: a fazenda de café

Os modelos de fazenda de café variaram ligeiramente em função da época em que foram instaladas, das características topográficas* da região e das técnicas utilizadas no beneficiamento do produto. No geral, tratava-se de um conjunto complexo, de grandes proporções, praticamente autossuficiente.

Alguns elementos são comuns a todas elas e acabam por definir a fazenda cafeeira. Inicialmente sua localização, próxima a um *curso d'água* para facilitar a lavagem do produto, movimentando a roda d'água que acionava os pilões; a *casa-grande*, moradia do proprietário, construção na maioria das vezes imponente, que permitia ao fazendeiro ostentar seu poderio e controlar o trabalho quase a perder de vista; a *senzala*, uma sequência de cubículos onde a escravaria se alojava; o *terreiro*, destinado à secagem do produto, a *tulha*, depósito onde o café era guardado; a *casa das máquinas*, quando se atingiu a mecanização do trabalho.

Fundamental, porém, para tocar essa unidade de produção, era a mão de obra, imensa escravaria que se concentrava na zona rural e se fazia presente, nesse processo da semente à xícara.

O Brasil, é o café e o café é o negro

Assim, a economia cafeeira deslanchou apoiada no tripé: mão de obra farta, grandes extensões de terra, demandas do mercado externo. E, de fato, ao iniciar o cultivo do café, a mão de obra era fácil e abundante. Não só porque era permitido trazer escravos da África, como pela transferência de braços subaproveitados dos decadentes engenhos de açúcar do Nordeste e dos focos desativados de mineração das Minas Gerais. Essa situação começou a mudar a partir de 1831, por pressões inglesas. Vejamos por quê.

A Inglaterra, nação industrializada, embora alegando razões humanitárias, preocupava-se em extinguir a escravidão pois a instalação do trabalho assalariado beneficiava o mercado consumidor. O Brasil, submetido aos interesses ingleses, baixou em 1831 um decreto regencial proibindo o comércio negreiro. Em vão. Esse comércio prosseguiu, apesar da proibição oficial. Um golpe mais forte é dado em 1845, quando o Parlamento inglês votou o Bill Aberdeen, lei que proibia o tráfico negreiro, prevendo severas penas aos infratores. Esse ato não paralisou a vinda do escravo, mas dificultou-a, encarecendo o preço do negro. Em 1850, sobrevém uma iniciativa marcante: a abolição do tráfico por iniciativa do governo brasileiro, através da lei Eusébio de Queirós.

Apesar da lei e da perseguição inglesa aos infratores, muitos navios negreiros continuaram a cruzar clandestinamente o Atlântico, atracando na calada da noite e desembarcando escravos em pequenos portos do litoral fluminense, acobertados por poderosos fazendeiros.

Mais compensador, porém, era trazer escravos do nordeste, iniciando-se então um intenso comércio interprovincial que por algum tempo supriu as lavouras cafeeiras do Sul.

Acrescente-se a essas dificuldades com a aquisição da mão de obra escrava a intensificação da campanha abolicionista, sobretudo a partir de 1868, quando, reagindo à presença de elementos conservadores no poder central, grupos ativos de políticos liberais, intelectuais e fazendeiros progressistas iniciaram forte movimento para emancipar ou abolir de vez a escravidão.

Com tais dificuldades, o escravo se tornou um investimento quase proibitivo, pois escasseava e era extremamente caro.

A estrutura cafeeira entra em crise. Para grande parte dos fazendeiros do vale do Paraíba, homens nascidos ainda no Brasil colônia, não se concebia o trabalho na lavoura sem o escravo, resistindo-se fortemente às propostas do governo sobre o trabalho livre. Já os fazendeiros do novo Oeste estavam mais abertos a reformas, pois perceberam que eram, outros os tempos e que a introdução da mão de obra assalariada se fazia necessária.

Iniciam-se, assim, as primeiras experiências com o trabalho livre.

Uma transição perigosa

O projeto de trazer imigrantes para o Brasil era antigo. Foi cogitado desde a vinda da Corte portuguesa para o Rio de Janeiro (1808), quando se incentivou a vinda de estrangeiros com a finalidade de ocupação demográfica, isto é, povoar e cultivar imensas terras desabitadas, sobretudo no sul do país. Essa proposta, porém, esbarrou na resistência de muitos proprietários de terras, que ambicionavam eles próprios estender suas lavouras para terras férteis e incultas, temendo sua ocupação por estrangeiros.

Logo, porém, essa imigração precisou ser pensada em outros termos, atendendo a um problema mais urgente, que era o da substituição da mão de obra escrava. E, antes mesmo da lei Eusébio de Queirós, aquela famosa que abolira o tráfico negreiro em 1850, alguns cafeicultores paulistas ensaiaram o trabalho livre.

A iniciativa coube ao senador Nicolau de Campos Vergueiro, senhor de muitas terras no centro-oeste da província de São Paulo e que desde 1840 atraíra imigrantes portugueses para sua fazenda Ibicaba em Limeira; em 1847 chegou a contratar 364 famílias de origem germânica, que passaram a trabalhar ao lado de 215 escravos.

Instituiu-se, assim, através da Vergueiro & Cia., o regime de *parceria**, que consistia na divisão do lucro líquido da venda do café, cabendo metade ao colono e metade ao fazendeiro.

Apesar da vinda de colonos em escala crescente até 1856, o sistema de parceria fracassou, e o marco dessa derrota foi a revolta dos próprios colonos suíços da Fazenda Ibicaba, do senador Vergueiro, que alegavam não cumprimento do contrato por parte do fazendeiro.

Na verdade, esse sistema de parceria apresentava-se inviável. Tanto os colonos, que chegavam com muitas esperanças, sentiam-se reduzidos à situação de escravos, impossibilitados de saldar suas dívidas, como os fazendeiros, acostumados com o trabalho escravo, não se sentiam recompensados com o investimento feito. Havia abuso de ambas as partes, conforme se verá, o que ocorria pela própria ambiguidade dos contratos, que davam margem a muitas interpretações.

Esse episódio criou uma má imagem do Brasil no exterior e dificultou a vinda de estrangeiros para cá. O país não era visto como um "paraíso tropical", mas sim como terra de clima tórrido, propício a epidemias, de ordem escravocrata, de religião oficial católica, de economia atrasada...

Entretanto, a partir de 1870 o problema da mão de obra se agravou. Como já mencionamos, o escravo se tornara caro e raro; a campanha abolicionista deslanchara, dificultando a manutenção do regime escravocrata; uma série de leis restringira ainda mais a disponibilidade daquele trabalhador braçal — como a lei do Ventre Livre (1871), que fazia livre todo filho do escravo nascido a partir daquela data, e a lei dos Sexagenários (1885), que libertava mediante indenização o escravo com mais de 60 anos. Leis paliativas, sendo esta última favorável ao proprietário, que se liberava de um trabalhador improdutivo, envelhecido e cansado. Enquanto essas dificuldades aconteciam, o café invadia novas terras, avançava pelo interior adentro, demandando aumento de braços.

O governo se viu na contingência de incentivar a vinda de estrangeiros, a única solução para garantir a produção de seu mais importante produto econômico. Particularmente a província de São Paulo investiu somas imensas para introduzir o trabalhador estrangeiro no país. O governo brasileiro pagava a passagem para o Brasil, hospedagem e viagem até o local de destino.

As reações a essa substituição de mão de obra logo se fizeram sentir. Os fazendeiros do vale do Paraíba não respondiam às solicitações do governo quando indagados se pretendiam formar *colônias*. Outros lavradores davam preferência à vinda de chineses, chamados então de *coolies* ou *chins*, alegando que estes ofereciam melhor capacidade de adaptação constituindo-se em mão de obra mais barata, sóbria e submissa. Alguns, no entanto, se opunham, alegando que substituir o negro pelo *coolie* era transformar o escravo em servo, permanecendo o mesmo sistema servil. Assim, dadas as fortes resistências, a Companhia de Comércio e Imigração Chinesa dissolveu-se e todo o incentivo para a imigração recaiu sobre os italianos.

E chegam os italianos

Enquanto o Brasil precisava de braços para a lavoura, a Itália enfrentava um grave problema de superpopulação nos campos e crise de desemprego. Nesse momento, foi a extrema miséria, mais que o desejo de "fazer a América" a motivação que levou os italianos a abandonar a terra natal procurando novas frentes de trabalho. Preferiam os Estados Unidos e a Argentina, países de clima próximo ao europeu e com alguma experiência democrática, inclusive com liberdade religiosa.

Foi preciso uma intensa propaganda para melhorar a imagem do Brasil no exterior, vinculada a um país escravocrata e de monarquia atrasada. Nessa ocasião, foram criadas várias associações de auxílio aos imigrantes, destacando-se a Sociedade Promotora da Imigração, em São Paulo, por iniciativa de fazendeiros interessados na transição do trabalho escravo para o livre. Agentes de propaganda também foram enviados à Europa, com panfletos, fotos e informações favoráveis ao Brasil, a fim de atrair o trabalhador europeu para os cafezais brasileiros.

O primeiro grande grupo de italianos chegou a São Paulo em 1877, num total de 2000 imigrantes, e cresceu progressivamente, atingindo em 1888, ano da abolição da escravatura, o contingente de 80794 pessoas.

O avanço do café, conquistando novas terras, com outra mão de obra, conhecendo altos lucros, transformou a paisagem geográfica, econômica e social do país. Ferrovias, cidades e uma nova sociedade conferiram outra dinâmica às relações entre o campo e a cidade.

Iniciaram-se novos tempos e novos hábitos.

Haveria mesmo uma civilização do café?

O que os livros chamam de "civilização do café" precisa ser visto com cuidado.

De fato, o desenvolvimento da economia cafeeira foi responsável por transformações econômicas e sociais significativas para o Brasil, colocando o país, através das exportações de café, nos quadros da economia mundial. Criou-se um mercado interno, instalou-se a ferrovia, as cidades se desenvolveram, a mão de obra livre foi introduzida, nasceram as primeiras indústrias, instituiu-se um sistema de crédito e os centros urbanos conheceram um surto de modernização.

Esses sinais de progresso ocorreram, porém, apenas nos principais centros exportadores, no eixo Rio de Janeiro, São Paulo e Minas Gerais, especialmente nas cidades beneficiadas pelo café. Enquanto os núcleos urbanos atrelados à demanda mundial se modernizaram, o restante do país permaneceu atrasado, ainda mergulhado numa existência precária, submetido a uma estrutura rural arcaica. Os contrastes entre cidades que se aparelhavam e progrediam e vilas estagnadas e com poucos recursos ocorreram mesmo no interior da província de São Paulo, considerada então a mais poderosa do Império.

Vamos acompanhar essas transformações um pouco mais de perto.

Do lombo de burro à ferrovia

Antes da instalação da ferrovia, o transporte de toda a produção do Brasil, fosse ela açúcar, ouro, algodão e agora café, era feito em lombo de burros, através de imensas tropas de muares que desde o extremo sul do país chegavam até os centros consumidores mais distantes atingindo os portos do litoral.

O muar, cruzamento de égua com jumento, era um animal que oferecia maior resistência que o próprio cavalo, sendo inclusive mais veloz que este em terrenos acidentados. Criados no extremo sul do país, os muares eram comercializados nas famosas feiras de Sorocaba, adquiridos por tropeiros* que ofereciam seus serviços aos fazendeiros. Alguns cafeicultores, porém, mais poderosos, possuíam suas tropas particulares; por vezes, essas não bastavam, e alugavam os serviços de tropeiros.

Eram essas tropas que transportavam o café até o porto de embarque e daí retornavam com mercadorias necessárias à fazenda, desde sal, carne e peixe secos até tecidos, ferramentas e vinho. Quando não havia mercadoria de retorno, o frete se tornava absurdamente caro.

Entretanto, à proporção que o café avançava para o interior, o custo desse transporte aumentava. Quanto maior a distância entre a fazenda e o porto de escoamento, mais se elevava o frete e menor o lucro do fazendeiro. A situação chegou a um ponto em que plantar café além de Rio Claro, então "boca de sertão", passou a ser inviável devido ao alto frete.

A solução foi a ferrovia.

Desde 1855 discutiu-se na Assembleia Legislativa provincial a criação de uma estrada de ferro que ligasse Santos à zona cafeeira mais nova da província. Em 1867, com o auxílio de capital inglês, inaugurou-se a The São Paulo Railway Company, que transportava o café de Jundiaí a Santos. A partir desse momento assistiu-se ao avanço dos trilhos, agora fincados pelos próprios cafeicultores, interessados em escoar seus produtos por preços mais baixos. Atrás do café iam os caminhos de ferro. Surgiram assim a Companhia Paulista (1872), a Companhia Mojiana (1875), e a Companhia Sorocabana (1875), esta inicialmente ligada ao algodão, porém mais tarde também tributária do café. Em 1877 a Estrada de Ferro D. Pedro II, procedente da cidade do Rio de Janeiro, ligou-a à cidade de São Paulo. Por volta de 1890 o mapa do Estado apresentava uma verdadeira teia ferroviária, ligando seus pontos extremos.

Com a locomotiva chegou o progresso. As distâncias encurtaram, os fazendeiros não mais permaneciam nas fazendas, construindo seus palacetes nas cidades e sobretudo em São Paulo, conhecida então como a Capital dos Fazendeiros. Com a facilidade dos transportes, promoveram-se melhoramentos urbanos que embelezaram as cidades. Até a circulação de notícias se fez com mais rapidez, com o transporte de jornais das capitais para o interior. Eram novos tempos.

Da vila colonial à cidade iluminada

Fala-se que mais de 90% das cidades paulistas resultaram da cultura cafeeira, mas nessa afirmação há algum exagero. Paralelamente às cidades nascidas com o café, sobretudo aquelas das frentes pioneiras, havia núcleos urbanos já existentes e que se desenvolveram em função do comércio, do pouso de tropas, do cultivo do arroz e da cultura do algodão; outras vilas preexistentes, porém, acabaram por se consolidar de fato em função da cultura cafeeira.

É importante assinalar que esses simples aglomerados urbanos, mesmo quando deixavam de ser vilas, diferiam muito do que hoje se entende por cidade. A maior parte das cidades do Império mencionadas como centros requintados não passavam, por vezes, de extensões das fazendas, com arruamentos improvisados, guardando um aspecto rural. Muitas delas nasceram de estradas que se transformaram em ruas, sem alinhamento ou organização. Limitavam-se a um centro administrativo, onde uma tosca igreja, uma cadeia precária e por vezes um convento eram os únicos edifícios públicos. As ruas não tinham calçamento e a iluminação, quando havia, era a óleo de peixe....

Algumas delas, porém, prosperaram, sobretudo quando localizadas no trajeto das ferrovias. Campinas, Rio Claro, Pindamonhangaba, Ribeirão Preto são algumas que conheceram rápido progresso, enquanto Areias, Bananal, São José do Barreiro, afastadas do traçado da estrada de ferro, declinaram. Passaram até a ser chamadas de "cidades mortas"...

Embora os municípios pertencessem a regiões ricas, os cofres públicos municipais continuaram vazios e os benefícios urbanos registrados eram de iniciativa dos fazendeiros locais, que embelezavam a cidade na maioria das vezes para ostentar seu poderio.

Nesse sentido, algumas cidades foram expressivas a partir de 1870. No Rio de Janeiro, a cidade de Vassouras conheceu planta de um arquiteto francês. Em São Paulo,

Bananal, já no declínio de sua produção, recebeu chafariz inglês e uma estação de ferro belga, tardiamente instalada; na linha da Paulista, as cidades de Campinas, Rio Claro e São Carlos e, no traçado da Mojiana, as cidades de Amparo e Ribeirão Preto enfeitaram-se com palacetes, azulejos e louças inglesas, iluminação a nafta*, teatros, Santas Casas de Misericórdia, igrejas e templos protestantes. A capital, São Paulo, tornou-se a Metrópole do Café.

Nessas cidades, em meio às novas edificações, circula uma nova sociedade.

Uma sociedade em formação

Nos antigos povoados até então frequentados por fazendeiros, comerciantes de beira de estrada e escravos, começam a circular novos habitantes. Nas cidades cafeeiras mais prósperas surgem comerciantes com lojas de armarinhos onde se compra de tudo — alimento, tecidos, máquinas e até livros; o fazendeiro, que agora virou barão, embora tenha palacete na cidade, vive mais na capital, às voltas com negócios diversificados que vão das ações da ferrovia à criação dos primeiros bancos da província; os bacharéis em direito, advogados recém-formados pela Academia do Largo São Francisco, instalam-se com suas bancas de advocacia e fundam jornais; um ou outro médico monta consultório; professores vêm lecionar nas escolas públicas e muitos abrem seus próprios colégios; o funcionalismo público se amplia. A partir de 1880, com a vinda maciça dos imigrantes, a população aumenta.

E os hábitos se refinam. É comum a presença do professor de francês e da professora de piano entre as famílias da elite. Nessa camada, particularmente entre as mulheres, cria-se o hábito da leitura, incentivado agora pelo sucesso dos romances de José de Alencar e Joaquim Manuel de Macedo. Companhias de teatro se apresentam nas cidades do interior, trazidas pela ferrovia, e para essas grandes ocasiões o figurino francês é obrigatório. Uma maior sociabilidade é registrada e surgem clubes de lazer não só da elite mas para os novos grupos sociais emergentes na sociedade da época.

Entre a elite e a escravaria surge uma camada média urbana, composta por profissionais liberais, comerciantes médios, funcionários públicos, origem da futura classe média brasileira, onde se encontram os elementos mais ativos da sociedade em formação. São eles que fundam jornais, abrem escolas, criam bibliotecas, organizam associações filantrópicas, inauguram clubes culturais e de lazer e, sobretudo, junto com os cafeicultores progressistas, querem mudanças políticas.

Que mudança era essa?

Como se viu, o café foi introduzido quando o Brasil ainda era uma colônia de Portugal (1727), espalhou-se pelo Rio de Janeiro enquanto se fazia a Independência política do país (1822), porém seu desenvolvimento e apogeu transcorreu sob o regime monárquico, mais exatamente durante o Segundo Reinado (1840-1889). A cultura cafeeira foi, portanto, a força econômica que deu sustentação para o Império brasileiro, tendo à frente o monarca D. Pedro II.

A identificação com o regime monárquico, em que o rei centralizava todas as decisões, advinha sobretudo dos fazendeiros conservadores do vale do Paraíba. Sustentando a Monarquia, esses fazendeiros garantiam a si vários privilégios — entre eles, a manutenção da escravatura. Pertenciam eles ao Partido Conservador. Já os fazendeiros do centro-oeste e do novo oeste, tidos por liberais, haviam inaugurado a imigração, trabalhavam com mão de obra livre, mecanizaram suas fazendas, diversificaram suas atividades, sendo, ao mesmo tempo, empresários, acionistas de ferrovias, grandes comerciantes e iniciantes na indústria. Detinham o poder econômico e agora queriam o poder político. Faziam parte, na sua maioria, do Partido Liberal e do Partido Republicano.

Com o fim da escravidão em 1888, essa correlação de forças se desequilibra. O Império perde seu apoio, os fazendeiros do velho vale do Paraíba se enfraquecem, alguns vendem suas fazendas de porteiras fechadas, enquanto os cafeicultores que detinham os meios de produção econômica viam na emperrada máquina do Império um empecilho para seus projetos. Queriam ter voz nos centros decisórios do poder político. Com o apoio das camadas médias urbanas e do exército, derrubam a Monarquia e instituem a República.

No poder, agora, os cafeicultores paulistas.

E, para concluir...

Dos idos de 1776, quando se começou a plantar café no Rio de Janeiro, até 1889, quando se proclamou a República, observam-se na trajetória da cultura cafeeira mudanças decisivas no processo histórico brasileiro. Basta lembrar que nesse período (em que passamos de colônia a país independente), e com mais precisão de 1850 a 1890, substituiu-se o trabalho escravo pelo trabalho livre, buscou-se a cidade em detrimento do campo, passou-se da Monarquia para a República.

Importa reter, porém, que essas mudanças decorreram da transformação do capital* produzido pelo café. Em outras palavras: o *capital agrícola*, de início gerado pela lavoura cafeeira, transformou-se pela sua mercantilização em *capital comercial*, que mais tarde investido em indústrias e no mercado de ações produziu o *capital industrial e financeiro*. Por trás de tudo isso, o mundialmente famoso "cafezinho brasileiro".

Vamos conferir ao longo do tempo essas informações.

PARTE II

Percorrendo os documentos

CAPÍTULO 1

Como tudo começou?

> "É uma bebida eminentemente saborosa, inspiradora e saudável. É ao mesmo tempo estimulante cerebral, febrífugo*, digestivo e antissuporífero. Afasta o sono, que é inimigo do trabalho, desperta a imaginação, sem a qual não há inspiração feliz."
>
> *(Anônimo do século XVIII.)*

No rastro do roteiro internacional...

O *Almanak da província de São Paulo para o ano de 1873* publicou um minucioso estudo sobre o avanço do café no mundo. Trata-se de um texto muito rico de informações, que pode ser melhor apreendido se lido em conjunto com o mapa que vem a seguir.

> *[...] Crê-se que mais ou menos em 1450 se começou a cultivar o café no Iêmen. O que é certo é que nos séculos XVI e XVII já esta cultura estava muito aperfeiçoada e se usava o café como beberagem, como atualmente. Há 200 anos, ou por aí, introduziu-se o uso da infusão na Europa. Fazia-se ela do café que se exportava pelo porto de* Moka, *no Mar Vermelho, e que daí seguia pelo Suez a Alexandria, donde se ia distribuindo por Veneza, Gênova e Marselha e por toda a Europa. Em 1710 os franceses formaram uma companhia de S. Malo, que depois ganhou muito dinheiro, trazendo o café por via do cabo da*

OS CAMINHOS DO CAFÉ NO MUNDO

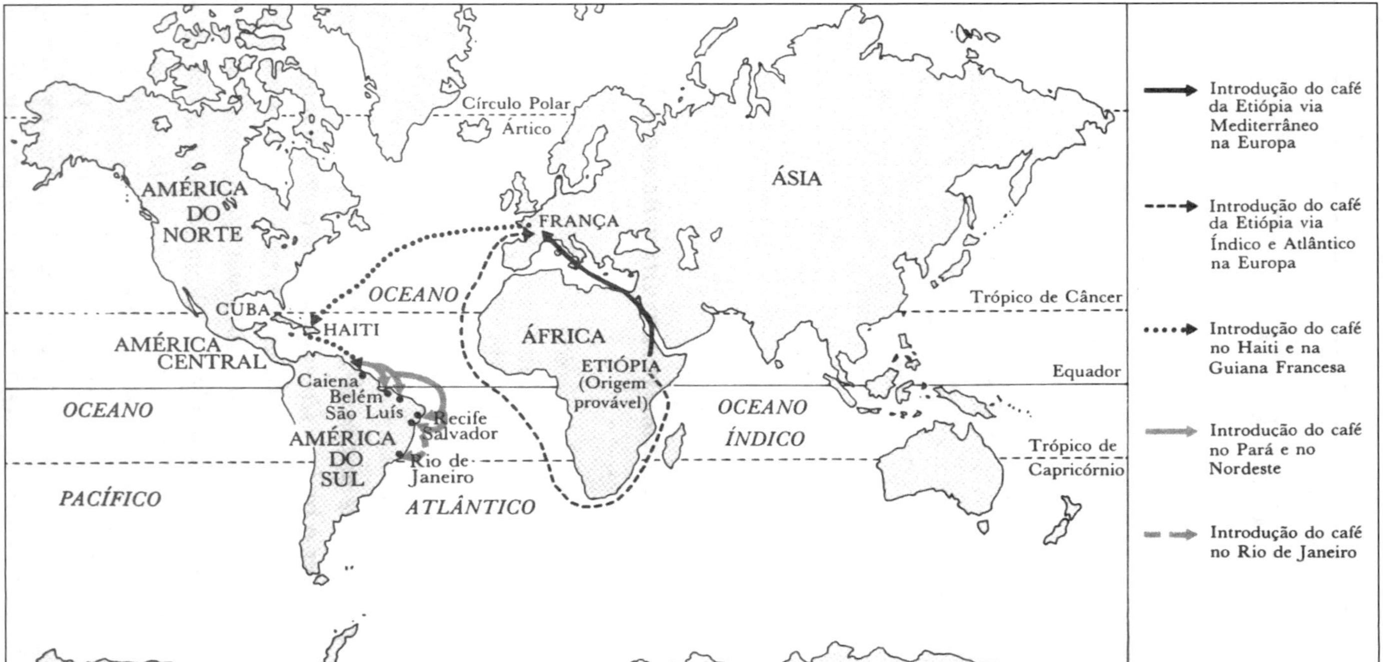

(Fonte: José Dantas, *História do Brasil*, p. 132.)

Boa Esperança, e livrando-se assim das enormes exações* da outra linha.

Os holandeses foram os primeiros que introduziram a cultura do café nas colônias europeias. Por todo o século XVII traficaram muito em café com a Arábia Feliz; e, no fim deste século, por ordem do diretor da sua célebre companhia das Índias, que tinha o monopólio deste tráfego, diretor que então era também o burgomestre de Amsterdã, e que se chamava Nicolas Witsen, fez-se um ensaio da cultura do café na sua ilha de Java. Foi tal o bom êxito desta tentativa que em 1719 já se recebia em Amsterdã um carregamento completo de café da primeira qualidade, e em 1743, cinquenta anos depois do primeiro experimento, a Holanda importava da sua colônia três milhões e meio de libras (110 000 arrobas) de café, ao passo que de Moka só se importavam então cerca de 12 500 libras. De Java os holandeses transplantavam o café para o Ceilão, que então possuíam, e que hoje produz quase todo o café consumido na Inglaterra.

Os ingleses logo no princípio do século passado introduziram o cafeeiro em Madras e em outras partes da Índia; mas não foram bem-sucedidos como os holandeses.

Por esse mesmo tempo também se introduziu a cultura do cafeeiro nas ilhas Sandwich e em Bourbon, e em algumas das Antilhas francesas. O professor Jussieu, de Paris, tendo recebido da Holanda algumas mudas para o Jardim das Plantas, deu uma delas a um oficial de marinha, De Clieu, para que a fizesse plantar nas Antilhas francesas. Desta única muda, que felizmente vingou, saíram todas as riquíssimas plantações da Martinica, de S. Domingos, de Guadalupe e das outras ilhas francesas. Em S. Domingos, ou no Haiti foi que o cafeeiro floresceu melhor: em 1790 exportavam-se daí de 36 a 40 milhões de quilogramas, ao passo que, da Martinica e Guadalupe, só 7 ou 8 milhões.

Vendo este resultado tão feliz, os espanhóis e os ingleses trataram de imitar os franceses, e começaram a plantar café nas suas Antilhas, em Cuba e Porto Rico, e na

Jamaica, donde pouco a pouco se propagou no Equador, na Venezuela e na América Central. [...]

(Antônio B. de Luné, org. *Almanak da província de São Paulo...*, p. 56-7.)

Quanto aos boatos...

Enquanto isso, no mundo, corriam os seguintes boatos sobre o café:

Observa-se que na Turquia, onde geralmente todos bebem café, não se sofre de Cálculos, nem de Gota Hidropisia ou Escorbuto, e que a pele é extraordinariamente clara.

(*First Coffe Advertisement — 1652*)

Se quereis aperfeiçoar vosso entendimento, bebei café: é a bebida intelectual.

(*Reverendo Sidney Smith*)

[...] tomado quinze ou vinte minutos após o jantar, ajuda a digestão, excita as faculdades do espírito e produz o que os fisiologistas chamam de "sensação agradável".

(*Pine Blot Hand Book of Practical Cookery*)

Acredito ser necessário tomar café uma vez por semana. Bem sabeis que o café nos torna severos, graves e filosóficos.

(*Dean Swift*)

Usa este precioso cordial árabe, e poderás recusar todas as drogas dos médicos.

(Anônimo)

É considerada grande cortesia oferecer aos amigos uma "Scudella de Coffa" bebida mais saudável que saborosa, pois causa boa digestão e evita o torpor da preguiça.

(*Bidulph Travels — 1609*)

Bebida repugnante e inominável; xarope de fuligem; quintessência de sapatos velhos [...]

(*Mulheres alemãs no século XVIII*)

O café é servido às pessoas que fazem visitas de pêsames, mas sem açúcar, para lembrar assim a dor e a amargura da vida.

(*Inglaterra, 1637*)

Ajuda a digestão, desperta e fortifica o estômago, previne doenças.

(*Velho ditado popular*)

CAPÍTULO 2

Do açúcar ao café

"O lavrador entre nós é um nômade, que hoje cria e destrói aqui, para amanhã criar e destruir acolá."

(Domiciano Leite Ribeiro, ministro da Agricultura do Império, em 1864).

A introdução do café no Brasil

Sobre a introdução do café no Brasil aqui estão duas versões, que podem dar o que falar...

1ª) O próprio Melo Palheta dá sua versão. Precisando de recursos para nova expedição exploradora, já com mais de sessenta anos, enviou um requerimento a D. João V, discorrendo sobre seus serviços à Coroa, ressaltando entre eles o da introdução do café no Brasil. No texto, Palheta é o "Suplicante*":

> *[...] e vendo o Suplicante que o Governador de Caiena deitava um bando à sua chegada que ninguém desse café aos Portugueses, capaz de nascer, se informou o Suplicante do valor daquela droga, e vendo o que era fez diligências por trazer algumas sementes com algum dispêndio da sua Fazenda, zeloso dos aumentos das Reais rendas de V. Majestade, e não só trouxe mil e tantas frutas que entregou aos Oficiais do Senado (vereadores da câmara municipal) para que as repartissem com os moradores,*

como também cinco plantas, de que já hoje há muito no Estado; e como o Suplicante se acha muito falto de servos e tem mil e tantos pés de Café, e três mil pés de Cacau, e não tem quem lhos cultive, e se acha com cinco filhos, P. a V. Majestade lhe faça mercê conceder por seu Alvará cem casais de escravos do Sertão do Rio Negro, ou outro qualquer, que se lhe oferecer, como também mandar se deem ao Suplicante cinquenta Índios das Aldeias de Cahabe (por Caeté, hoje Bragança), Mortigure (por Murtigura, hoje Vila do Conde), Simoúma (por Sumaúma, hoje Beja), Bocus (por Bocas, hoje Oeiras), Caricuru (por Maricuru, hoje Melgaço), Mongabeiras (por Mangabeiras, hoje Ponta de Pedra), Camutá, Gorjons (por Guianas, depois Lugar de Vilar, hoje extinto) para fazer os ditos resgates; e como o Suplicante está alcançado, e não tem com que comprar o necessário para fazer os ditos resgates, mandar se lhe dê tudo o necessário da Fazenda dos resgastes, para que depois o Suplicante inteire, e pague da mesma viagem o custo que fizer."

E.R. Mcê.

(Basílio de Magalhães, *O café na história, no folclore e nas belas-artes*, p. 78-9.)

2ª) Foi em "clima de romance" que as sementes entraram no Brasil, de acordo com alguns cronistas que estudaram farta documentação. Ou seja, elas foram doadas clandestinamente a Melo Palheta por Madame Claude D'Orvilliers, esposa do governador de Caiena, capital da Guiana Francesa.

[...] Tudo induz a crer que o comandante da expedição de 1727 tenha ido ao palácio da suprema autoridade de Caiena.

É de presumir-se que lhe hajam servido ali uma xícara de café, que ele, tomando pela primeira vez na vida, enchesse de gabos entusiásticos, lamentando não existisse ainda, nas terras da sua pátria, a planta de que se extraía tão saborosa bebida. E, se Mme. Claude d'Orvilliers, com a galanteria* peculiar das francesas de bom-tom, lhe meteu num dos bolsos do casaco ou do colete, à vista do marido sorridente, ali ou alhures, um punhado de grãos de café, dizendo-lhe, talvez, que com os mesmos poderia ele renovar, em casa, quando regressasse a Belém, o prazer que então experimentara com a deliciosa beberagem, qual a inverossimilhança que haveria nisso?*

É certo que não foram apenas sementes que lhe coubessem num bolso de véstia as que dali trouxe ele para o Pará, e sim "mil e tantas frutas e cinco plantas de café", conforme expôs no requerimento dirigido a D. João V. Não será, porém, lícito supor-se que, apelando para a dádiva da amável governadora, tenha ele conseguido de algum francês interesseiro quantidade maior de grãos e os pés vivos da* Coffea arabica*? Pouco importa que, na referida petição ao monarca português, não haja ele falado na doação com que o distinguira a consorte do governador da Guiana Francesa. Se algum outro motivo a isso não o compelisse, basta que se considere que, no mencionado requerimento, envidou pôr em destaque as dificuldades que se lhe antolharam para obter as sementes e plantas de cafeeiro, e citar o gesto gracioso de Mme. Claude d'Orvilliers seria contraproducente aos intuitos a que visava. [...]*

(Id., ibid., p. 66.)

As resistências

Embora o café fosse planta bonita, que enfeitava os jardins, com florada branca e perfumada, de sementes vermelhas, produzindo uma bebida saborosa e estimulante, não foi fácil sua aceitação pelos lavradores da época.

A resistência à nova cultura foi descrita no primeiro romance brasileiro sobre o café. *O capitão Silvestre e frei Veloso na plantação de café no Rio de Janeiro.*

Seu autor, o advogado Luís da Silva Alves D'Azambuja Susano (1785-1873), vivenciou todo o processo de introdução, resistência, plantio, desenvolvimento e apogeu do café no Rio de Janeiro. Segue seu relato sobre a tentativa do vice-rei Marquês de Lavradio, em 1774, para introduzir a cultura cafeeira, e a indisposição dos fazendeiros em atendê-lo:

> *[...] Um destes miseráveis rústicos, senhor de engenho, capitão das ordenanças*, amigo do padre Veloso, apresentou-se-lhe na sua cela, no convento de Santo Antônio. Sua estatura ordinária, carão avermelhado, nariz grosso, cabeleira eriçada e fardão escarlate, com calção azul-claro, abotoado com espiguilha de ouro, era, por diante e por detrás, o capitão Silvestre Ferreira de Barros. [...]*
>
> *[...] Vim, porque o vice-rei nos mandou chamar a uns poucos, de Irajá, de Saquarema, de Suruí, do Campo Grande, de toda parte. Fomos à sala, cuidando que era alguma coisa; e sai-se de lá o homem com um açafatinho* de frutas vermelhas pequenas, e entra a dar uma meia dúzia a cada um, para que fôssemos plantar, que era coisa muito boa, muita riqueza, para mandarmos para o reino. Ora! vamos agora plantar frutinhas e doidices da cabeça do vice-rei! Eu, logo embaixo do palácio mesmo, botei as minhas fora; tomara eu plantar cana; que me importa cá do café!*
>
> *— Fez mal, sr. capitão, de botar fora essas frutas...*
>
> *— E todos fizeram o mesmo. Se algum não botou logo aí, foi botar mais longe. Todos se agoniaram de ser chamados lá de suas casas, incomodarem-se, para virem buscar uma asneira, para plantarem uma coisa que não presta para nada! Se o vice-rei gosta de café, ele que o plante! Não diz que plantou tanta coisa no Passeio Público? Pois plante lá o café, e, quando for para Lisboa, carregue! Não se precisa cá dele: o que nos faz conta é açúcar. No meu engenho, então, que dá*

canas, que eu nem tenho tempo de moer! Não quero outra coisa, nem mandiocas. Com açúcar se compra farinha. [...]

(Apud: Myriam Ellis, *O café, literatura e história*, p. 28-9.)

As vantagens

De fato, formar uma fazenda de café não era fácil. Não só a primeira colheita era demorada (aguardavam-se 4 anos...), como a *Coffea arabica* era extremamente sensível. Não suportava os rigores das geadas, das insolações intensas, as terras impróprias.

Na época, porém, os argumentos a favor do café foram muitos e tinham fundamento. Vejamos, ainda no romance de Luís S.A. D'Azambuja Susano as justificativas dadas a um irritado senhor de engenho, quando do incentivo ao plantio no Rio de Janeiro:

[...] O café há de dar mais lucro que a cana. Depois de plantado, dura muito mais tempo do que o pé de cana, dispensa moendas, carros, bois e caldeiras, dispensa muitas despesas, que fazem com o cozimento do açúcar, e dá mais dinheiro uma arroba de café do que uma arroba de açúcar. O vice-rei manda plantar, porque se conhece bem que o café há de ser a riqueza dos fazendeiros do Brasil do que as outras coisas que se cultivam.

(Apud: Myriam Ellis, op. cit., p. 28-9.)

Se para os homens da época eram essas as compensações no plantio da nova cultura, hoje os historiadores entendem a superioridade do café em relação à cana-de-açúcar, naquele momento, assim:

[...] Não é difícil compreender por que a cultura do café substituiu a cana-de-açúcar nas grandes propriedades. Em primeiro lugar, a demanda mundial de café era bastante mais acentuada do que a do açúcar em quase toda a primeira metade do século XIX. Além disso, os custos da produção eram um pouco mais baixos. O café exigia menos mão de obra. Ainda que a colheita e o beneficiamento das duas culturas necessitassem mais ou menos do mesmo trabalho, a cana tinha de ser replantada a cada três anos, geralmente, enquanto um cafeeiro poderia durar trinta ou quarenta. Ainda que os pés de café pudessem ser tratados com maior cuidado, eles vicejavam nos mesmos solos adequados para a cana, com relativamente poucos cuidados por parte dos fazendeiros. Finalmente, o café resultava em maior margem de lucro, afora o custo do transporte até o porto de Santos. Seu valor por quilo era superior, e era menos sujeito à deterioração no processo de transporte. [...]

(Warren Dean, *Rio Claro: um sistema brasileiro de grande lavoura (1820-1920)*, p. 44-5.)

Os cenários da expansão

De fato, a lavoura do café vingou.

Da plantação para consumo doméstico ao cultivo em escala comercial, restaram desenhos e relatos de viajantes estrangeiros que ilustram esse avanço.

No Rio de Janeiro

Já na virada do século XVIII para o XIX, a cidade do Rio de Janeiro era recoberta de cafezais, conforme se observa na ilustração a seguir:

Parte final de um panorama da praia de Botafogo entre 1810 e 1815 executado a nanquim por José de Cristo Moreira. A casa da rainha, que vemos à direita, era então o único casarão ali existente. (Gilberto Ferrez, Pioneiros da cultura do café: a iconografia primitiva do café, *n.p.)*

No vale do Paraíba fluminense e paulista

O botânico francês Auguste de Saint-Hilaire, percorrendo em 1822 o trajeto do Rio de Janeiro a São Paulo, de forma muito espontânea, sem que estivesse especialmente interessado em conferir o avanço cafeeiro, constatou a penetração da nova cultura no vale do Paraíba.

Vindo de São Paulo para o Rio de Janeiro, observou:

> *[...] Desde ontem, começara a ver plantações de café, hoje mais numerosas. Devem sê-lo mais ainda à medida que me for aproximando do Rio de Janeiro. Esta alternativa de cafezais e matas virgens, roças de milho, capoeiras, vales e montanhas, esse ranchos, essas vendas, essas pequenas habitações rodeadas das choças dos negros e as caravanas que vão e vêm, dão aos aspectos da região grande variedade. Torna-se*

agradável percorrê-la. [...] Confirmaram-me o que outras pessoas já me haviam dito. Há apenas uns vinte anos, que se começou por aqui a cultivar o café que hoje faz a riqueza da zona.

Antes disso ocupavam-se os lavradores apenas com a cana-de-açúcar e a criação de porcos. [...]

Quanto mais me aproximo da capitania do Rio de Janeiro mais consideráveis se tornam as plantações. Várias existem também muito importantes, perto da vila de Resende. Proprietários desta redondeza possuem 40, 60, 80 e até 100 mil pés de café. Pelo preço do gênero devem estes fazendeiros ganhar somas enormes. Perguntei ao francês a quem me referi ontem, em que empregavam o dinheiro. "O Sr. pode ver, respondeu-me, que não é construindo boas casas e mobiliando-as. Comem arroz e feijão. Vestuário também lhes custa pouco, nada gastam também com a educação dos filhos que se entorpecem na ignorância, são inteiramente alheios aos prazeres da convivência, mas é o café o que lhes traz dinheiro. Não se pode colher café senão com os negros; é pois comprando negros que gastam todas as rendas e o aumento da fortuna se presta muito mais para lhes satisfazer a vaidade do que para lhes aumentar o conforto."

Considerando-se tudo quanto disse, vê-se no entanto que não têm luxo algum em suas casas, nada lhes provando a riqueza. [...]

(*Segunda viagem a São Paulo...*, p. 124 e 127.)

No Oeste de São Paulo

Sobre o avanço do café em território paulista no século XIX, o escritor Monteiro Lobato produziu uma síntese pitoresca, que podemos conferir no mapa apresentado em seguida ao texto.

A onda verde

A quem viaja pelos sertões do noroeste paulista empolga o espetáculo maravilhoso da preamar do café. A onda verde nasceu humilde em terras fluminenses. Tomou vulto, desbordou para São Paulo e, fraldejando a Mantiqueira, veio morrer, detida pela frialdade do clima, à orilha* da Pauliceia.*

Mas não parou. Transpôs o baixadão geento e foi espraiar-se em Campinas.*

Aí começa mestre Café a perceber que estava em casa. Corredor de mundo, viajante exótico vindo d'Arábia ou d'África, provara pelo caminho todos os massapés e sondara todos os climas.*

Franzia o nariz, porém. Veio sorrir, ali, ao pisar esse Oásis do Rubidio que é o Oeste paulista. E arranjou de vez, para sempre, em sua casa.

Repete-se, então, o movimento bandeirante de outrora. Atrai o homem aventureiro não mais o ouro dissimulado em pepitas no seio da terra, mas o ouro anual das bagas vermelhas que se derriçam em balaios.*

A região era toda um mataréu virgem de majestosa beleza.

Rasgara-a a facão o bandeirante antigo, por meio de picadas; o bandeirante moderno, machado ao ombro e facho incendiário nas mãos, vinha agora não penetrá-la, mas destruí-la.

Almas fechadas ao contemplativismo, nunca lhes amolentou o pulso a beleza augusta dos jequitibás de frondes sussurrantes como o oceano, nem o vulto grave das perobeiras milenárias.

Sua ambição feroz preferia à beleza da desordem natural a beleza alinhada da árvore que dá ouro. [...]

(Monteiro Lobato,
A onda verde, p. 7 e 15.)

MARCHA DO CAFÉ NO SUDESTE

(Fonte: José Dantas, *História do Brasil*, p. 133.)

Uma planta de quintal nos portos do mundo

De 1830 a 1870 o vale do Paraíba fluminense e paulista foi o grande produtor de café no Brasil. Vassouras era uma das cidadas cafeeiras mais expressivas do Rio de Janeiro. Em São Paulo, a cidade de Bananal foi a primeira produtora do país em 1854. Vamos conferir o volume das exportações de café, que começou tímido, do Rio de Janeiro para Lisboa e Porto:

1779	—	*79 arrobas**
1796	—	*8 495 arrobas*
1806	—	*82 245 arrobas*

(Caio Prado Jr., *História econômica do Brasil*, p. 160.)

e deslanchou a partir de 1840:

Exportação de café em milhares de sacas de 60 kg, por decênio:

1821/30— 3178
1831/40— 10430
1841/50— 18367
1851/60— 27339
1861/70— 29103
1871/80— 32509
1881/90— 51631

(Id., ibid., p. 156.)

e colocou-se em primeiro lugar na pauta de exportações do Brasil:

AS EXPORTAÇÕES BRASILEIRAS DE 1821 A 1890 (EM %)

Produto	1821-30	1831-40	1841-50	1851-60	1861-70	1871-80	1881-90
Café	18,4	43,8	41,4	48,8	45,5	56,6	61,5
Açúcar	30,1	24,0	26,7	21,2	12,3	11,8	9,9
Algodão	20,6	10,8	7,5	7,5	6,2	18,3	4,2
Cacau	0,5	0,6	1,0	1,0	0,9	1,2	—
Borracha	0,1	0,3	0,4	2,3	3,1	5,5	8,0
Fumo	2,5	1,9	1,8	2,6	3,0	3,4	—
Erva-mate	—	0,5	0,9	1,6	1,2	1,5	—
Couros e peles	13,6	7,9	8,5	7,2	6,0	5,6	3,2
Total	85,8	89,8	88,2	92,2	78,2	103,9	86,8

(Fonte: Nelson Werneck Sodré, *História da burguesia brasileira*, p. 62 e 104.)

E assim, se entre 1830 e 1840 o Brasil respondia por 1/5 do consumo mundial, em 1890 concorria com 3/5 da produção mundial de café:

Porcentagem da produção brasileira na produção mundial de café:

1820/29—18,18%
1830/39—29,70%
1840/49—40,00%
1850/59—52,09%
1860/69—49,07%
1870/79—49,09%
1880/89—56,63%

(Virgílio Noya Pinto, 'Balanço das transformações econômicas no século XX'. In: Carlos Guilherme Mota, org., *Brasil em perspectiva*, p. 156.)

Joaquim Floriano de Godoy, senador do Império, contemporâneo à liderança do café entre os produtos exportáveis brasileiros, observava o movimento exportador, por volta de 1875:

> *[...] Sobre o café e o algodão recaem os mais pesados impostos, pois pagam 13% sobre seu valor. [...]*
> *O café pode suportar esta elevadíssima taxa; porque é o Brasil o país que atualmente produz 3/5 partes do total deste artigo, e por isso assumiu uma espécie de monopólio*; e a produção de qualquer mercadoria em tais condições faz pesar a imposição sobre o consumidor, que tem de sujeitar-se aos preços dos mercados produtores.*
>
> *A posição de preço de café nos dois últimos anos tem sido lisonjeira. O aumento progressivo do consumo, a produção diminuta de quase todos os centros produtores, fizeram subir os preços a quase 80%.*
>
> *A riqueza incontestavelmente maior em todas as classes ou a abundância do dinheiro fizeram, apesar dos preços sempre crescentes, entrar o café no uso doméstico da classe menos abastada e até da proletária:*

e hoje pode-se considerar este gênero como artigo de alimentação necessário para os habitantes de ambos os hemisférios.

Por estes motivos o café pode suportar a taxa de 13%. Com o algodão, porém, já não acontece o mesmo. Esta taxa é excessiva para um gênero que precisa de proteção. [...]

Toda a exportação da província faz-se pelos portos de mar que são Ubatuba, Caraguatatuba, Iguape, S. Sebastião, Parati, Mambucaba e Santos, e também pela estrada de ferro D. Pedro II. [...]

A exportação dirigiu-se para os seguintes lugares: Hamburgo, Canal, Havre, Hampton-Road, Nova York, Antuérpia, Liverpool, Lisboa, S. Tomás, Gibraltar, Gênova, Bremen, Londres, Barcelona e Montevidéu.

O movimento do porto constou de 188 vapores, 39 barcas, 21 lúgares, 44 brigues, 41 patachos, 23 escunas, 6 sumacas e 41 iates. Destes foram para portos estrangeiros 170; e para portos brasileiros 237.

Os gêneros de importação constaram de vinhos, cerveja, bebidas alcoólicas, fazendas, canhamaço, farinha de trigo, ferragens, tabuados e pinho, frutas secas e em calda, conservas alimentícias, carnes ensacadas e salgadas, drogas, calçados, carvão de pedra, etc., etc.

Por esta ligeira notícia do movimento do porto de Santos se poderá bem avaliar qual é a força produtiva e a riqueza da província de São Paulo, não esquecendo lembrar ainda uma vez que Santos não é o único porto por onde transita toda a sua exportação.

Cumpre acrescentar que o governo imperial ou geral também arrecada não pequena quantia por intermédio de estações competentes. [...]

(*A província de São Paulo. Trabalho estatístico, histórico e noticioso*, p. 116-7.)

Duas formas de produzir

O café arrancou do vale do Paraíba para o Oeste paulista.

O historiador José Roberto do Amaral Lapa, embora admitindo que as regiões diversificadas do vale do Paraíba paulista e centro-oeste paulista "tenham muito em comum dentro de uma estrutura em transição, sendo, no geral, faces da mesma moeda", elaborou o seguinte quadro de confronto entre essas regiões:

1850-1910

VALE DO PARAÍBA	*VELHO OESTE PAULISTA*
1. *formas tradicionais de ocupação e uso da terra*	1. *formas capitalistas de ocupação e uso da terra*
2. *fracionamento dos latifúndios**	2. *predomínio da grande propriedade*
3. *estagnação econômica*	3. *progresso*
4. *mentalidade tradicional na administração da fazenda*	4. *mentalidade empresarial capitalista*
5. *investimento improdutivo dos lucros*	5. *investimento produtivo dos lucros*
6. *agricultura arcaica*	6. *agricultura moderna*
7. *fazendas autossuficientes*	7. *fazendas dependentes*
8. *aristocracia escravocrata e conservadora*	8. *aristocracia imigrantista e liberal*
9. *senhorio voltado para a gestão agrícola*	9. *senhorio empresarial, desdobrando-se em iniciativas urbanas*

10. dependência do patrocínio oficial	*10. iniciativa privada independente*
11. estiolamento e regressão urbana*	*11. desenvolvimento urbano*
12. formação das classes médias por um movimento de descenso da aristocracia	*12. formação das classes médias por um movimento de ascenso de segmentos inferiores*
13. indiferença política	*13. ativismo na prática política*
14. resistência ao movimento abolicionista	*14. aceitação do movimento abolicionista*
15. ideologia monarquista	*15. ideologia republicana*
16. inércia cultural	*16. intensidade do movimento cultural*
17. impermeabilidade ao processo de adaptação cultural	*17. fácil adaptação a novas imposições culturais*
18. relações sociais paternalistas	*18. relações sociais capitalistas*
19. relações sociais de produção escravistas	*19. relações sociais de produção capitalistas*
20. forças produtivas escravistas	*20. forças produtivas capitalistas*
21. administração direta do trabalho	*21. administração indireta do trabalho*
22. unidade de produção tradicional (fazenda)	*22. unidade de produção capitalista (empresa)*

(A economia cafeeira, p. 29-30.)

Uma cultura predatória e itinerante*

O primeiro passo para iniciar a fazenda de café é *derrubar* e *queimar* a mata. Essa técnica primitiva e altamente condenável de preparação da terra para a lavoura não foi abandonada com o passar dos anos. E, embora desde inícios do século XIX se admitisse tal procedimento como destruidor, os fazendeiros prosseguiram numa desenfreada derrubada de imensas florestas virgens, ricas em madeiras nobres.

Em 1847, o Barão de Pati do Alferes, rico cafeicultor fluminense, colocava o problema, propondo alternativas de aproveitamento:

> *[...] O maior desperdício se encontra em quase todos os lavradores não só deixando apodrecer as madeiras sobre a terra, podendo conduzi-las e recolhê-las para armazém, como mesmo lançando-lhe fogo com o maior sangue-frio como que se estivessem fazendo uma grande coisa.*
>
> *Sem dúvida que se não podem lançar abaixo e cultivar nossas matas virgens sem lhes lançar fogo, porém está da vossa parte acautelar quanto se possa a ruína total de preciosidades que reduzidas a cinzas nem vós, nem a vossa décima geração tornarão a encontrar nessa terra devastada. Para obviar esse inferno de fogo, nas grandes derribadas, que em menos de uma hora deixam em cinzas aquilo que a natureza levou séculos a criar, ordenai aos vossos derribadores que não deitem abaixo um só pau de lei, e logo que tiver chegado a época das queimadas, e for mister lançar fogo e deixar arder esse imenso combustível que cobre a superfície, no dia seguinte logo de manhã mandai alguns dos melhores pretos percorrer o terreno queimado, e apagar os paus de lei que com as chamas vieram abaixo. Aqueles que se conservaram em pé, deixai-os ficar até que o fogo dos troncos da derribada se tenha apagado, então mandai a derribar toda a que ficou em pé, e recomendai que a atravessem e deitem para os lugares de mais fácil transporte; então mandai fazer os caminhos e tirai toda para um armazém, ou logo para aquilo que vos for necessário; as de serraria para o engenho se o tiverdes, e as demais para lugar enxuto e seco.*
>
> *É, pois, tal o desmazelo que há sobre este importante ramo que mete dó, e faz cair o coração aos pés daqueles*

que estendem suas vistas à posteridade e olham para o futuro que espera a seus predecessores. O governo deve começar a dar atenção a este estado de atrasamento em que cegamente marchamos, ordenando que todos os fazendeiros sejam obrigados a plantar à margem dos caminhos de suas fazendas certa porção de paus de lei. O cedro, v. g., que pega otimamente de galho, a temboíba, o pinho-das-minas e outras árvores que, em 30 ou 50 anos, dão excelente tabuado. Com este método se tira a duplicada vantagem da utilidade das madeiras e aformoseamento das fazendas. [...]

(Francisco P. de L. Werneck, *Memória sobre a fundação de uma fazenda na província do Rio de Janeiro*, p. 59-60.)

O segundo passo é *plantar*, inicialmente com sementes, e mais tarde com mudas conservadas em viveiros. O viajante Saint-Hilaire, em 1822, observou a forma primitiva de se plantar o café:

[...] Quando alguém quer fazer uma plantação nova de café abstém-se de colher os frutos de algum cafezal velho. Estes caem no chão, apodrecem, os grãos germinam e depois se transplantam os pé novos. Planta-se muito comumente milho e feijão entre os cafeeiros. [...] Quando o pé ainda é novo capina-se a terra duas ou três vezes, mas não se dá mais de uma carpa quando as árvores estão vigorosas. [...] Não se podam as árvores, contentam-se os lavradores em descoroá-las para impedir que cresçam muito. [...]

(*Segunda viagem a São Paulo...*, p. 125 e 127.)

O terceiro passo é *colher*, operação descrita pelo cientista americano Herbert H. Smith, que visitou uma fazenda de café do Império em 1878:

[...] recorre-se ao auxílio de todos os trabalhadores. Do nascer ao pôr do sol; homens, mulheres e crianças colhem as cerejas em cestos, trabalhando silenciosa e ininterruptamente, sob as vistas do capataz. Diariamente, cada escravo colhe, em média, uma quantidade de cerejas que produz 23 quilos de café seco. As cerejas são levadas, depois, em carros para a sede da fazenda, onde são preparadas para o mercado. [...]

(*Uma fazenda de café no tempo do Império*, p. 10.)

O quarto passo é *beneficiar*, operação complicada, que implica várias tarefas, assim resumidas pelo *O Vassourence*:

[...] Tio Tomás me colheu. O capataz me viu com indignação cair fora do balaio, e considerando inepto ao velho escravo, açoitou-o e deu-lhe dois pontapés no traseiro. Chovia. Depois o sol me secou. Durante dois dias, um rolo estúpido me amassou como se quisesse quebrar-me a casca cada vez que me passava por cima. Finalmente, achando que eu estava suficientemente seco, passaram-me pela peneira. Daí me levaram para o monjolo. Fui arremessado ao ventilador donde saí pronto para ser ensacado... Da fazenda para o intermediário na estação, e dali para o Rio. [...]

(Apud: Francisco Alencar et alii, *História da sociedade brasileira*, p. 138-9.)

O quinto passo é o *escoamento da produção*, que vai depender do *transporte*.

Inicialmente, o transporte do café era feito em lombo de burro. Entretanto as tropas dos fazendeiros não eram suficientes para o escoamento de toda a produção. De acordo com o historiador Djalma Forjaz:

[...] Em 1865, Ibicaba possuía 1 250 000 pés de café e a Angélica 350 000. Os produtos destas fazendas eram exportados para Santos em lombo de burro num trajeto de 36 léguas. Para esse transporte não bastavam as suas tropas de 120 muares; e os tropeiros de fora, como os filhos do sargento-mor Marcelino de Godói; os Ataídes, e a tropa do Barão de Cascalho iam ganhar a condução desses produtos para assim poder dar vazão a tempo e a hora. [...]

(*O senador Vergueiro, sua vida e sua época*, p. 68.)

Em 1857, um deputado da Assembleia Provincial reclamava:

[...] Por que estamos pagando 1$600 rs. por arroba e não há condutor que queira pegar em carga? Porque dizem eles: "de que vale ganhar-se... 1$600 rs. por arroba na ida, se na volta não podemos ganhar nada? Em Santos só achamos carga de louça ou de fazenda cuja condução é por demais arriscada em semelhantes caminhos". [...]

(*Anais da Assembleia Legislativa Provincial de São Paulo*, 1857, p. 349.)

De fato, eram altas as despesas com o transporte por tropas. E, quanto mais as plantações se distanciavam dos portos, os lucros diminuíam:

Província de São Paulo
Despesas com transporte de café

1860

Capital empregado na compra de 40 animais	*6:400$000*
Juro de 12% a.a. sobre o capital	*768$000*

Remonta anual de pelo menos 5 animais	*800$000*
Gasto com 7 escravos escolhidos.............	*2:450$000*
Salário do arreador.............................	*600$000*
Alimentação da tropa (milho)...............	*7:300$000*
Ferragens, sustento do pessoal, barreiras, despesas eventuais............................	*2:000$000*
SOMA...	*20:318$000*

(*Anais da Assembleia Legislativa Provincial de São Paulo*, 1860, p. 449.)

O sexto passo é a *comercialização*, geralmente feita por um intermediário entre a fazenda e o porto de embarque, isto é, o *comissário de café*, que recebia a porcentagem de 3% do que vendia. A historiadora Elizabeth Silveira Cabral Vilhena reuniu notícias de jornais em que essas relações podem ser melhor entendidas, sobretudo as relações entre fazendeiros e comissários:

> *[...] Os nossos fazendeiros sucumbem sob sua própria prosperidade. Sem calcularem os juros que pagam e as forças que têm para a cultura, eles compram terras e mais terras, destroem as florestas, e plantam mais café do que podem colher e abandonam as plantações antigas. Além disso, entregam-se às cabalas eleitorais* e a pleitos judiciários* com seus vizinhos, desprezando o maquinismo e utensílios da sua fazenda, e edificando suntuosas casas de vivenda. Para tudo isso é preciso haver dinheiro e para este dinheiro eles sacam sobre seus correspondentes do Rio de Janeiro e sobre os comissários.*
>
> *O resultado é que os fazendeiros se escravizam aos correspondentes, e estes também dependem inteiramente dos primeiros. Os comissários dizem que seus clientes ou não são inteligentes e instruídos, e nem sabem, até, calcular os juros compostos; ou então são inteligentes, e neste caso só se empenham em enganá-los.*

Agora, do outro lado, se se perguntar a um fazendeiro o que ele pensa da classe dos comissários, M. Pradez crê que se ouve sempre esta história, mais ou menos. Não se pode fazer ideia do que sofre o fazendeiro do seu banqueiro no Rio de Janeiro: ele crê que trabalha para si e seus filhos, mas só trabalha para este. Para ganhar a freguesia do fazendeiro, ele lhe faz as promessas as mais lisonjeiras, dá-lhe casa, comida e regalos, quando vai à corte, e tudo é uma doçura sem limites.

Enquanto o fazendeiro lhe deve pouco, isto anda assim; logo, porém, que a dívida se avulta, graças aos seus juros compostos, então tudo vai por água abaixo: os cafés perdem todo o seu mérito, sem o fazendeiro saber por quê, pois o trata do mesmo modo que antigamente. É pela falta de sabedoria e sagacidade dos fazendeiros que eles se acham arruinados e hoje uma quinta parte das plantações do Rio estão à venda por ninharias. [...]

(*Gazeta de Campinas*, 10/11/1872.
Apud: Elizabeth S. C. Vilhena,
A imprensa periódica e o café, p. 209.)

Mecanização

Despolpador duplo Lidgerwood

Foi na etapa do beneficiamento que se registrou progresso técnico na cultura cafeeira. Na verdade, o próprio sistema escravista levava à manutenção de métodos antigos, pois os fazendeiros, ao investir no escravo, deixavam de fazê-lo em maquinários modernos. Entretanto, desde 1850 os jornais da época anunciam modernas máquinas de beneficiamento de café, cabendo à imprensa do período um papel fundamental na evolução da tecnologia cafeeira. Através de sua propaganda, os fazendeiros tomavam conhecimento das vantagens da mecanização, adquirindo as famosas máquinas compostas, que realizavam várias operações ao mesmo tempo. E que não eram poucas, incluindo: limpeza, separação e lavagem do café colhido, maceração*, despolpamento, fermentação, lavagem do café em pergaminho, secagem, armazenamento nas tulhas, separação das impurezas, descaroçamento, ventilação dupla, escolha e catação, classificação.

A respeito das máquinas compostas, lê-se na *Gazeta de Campinas*, de 17 de março de 1870:

> *Aos srs. fazendeiros*
> *Bierremback & Irmãos acabam de fundar no Largo de Santa Cruz, desta cidade, uma oficina a vapor para a fábrica de máquinas de Beneficiar Café por um sistema aperfeiçoado, simples e mui sólido.*
> *As máquinas compõem-se de Descascador, Ventiladores e Separadores, tudo perfeitamente acabado, e feito das melhores madeiras do país. Fabricam-se de diversos tamanhos, desde as máquinas que beneficiam 50 arrobas até 400 arrobas por dia; são montadas nas fazendas por conta dos fabricantes. Entre outras vantagens sobre toda e qualquer máquina de beneficiar café, têm estas a de precisarem muito pouca força, não terem peças de fácil desarranjo e difícil reparo; assim como aproveitarem mais café do que qualquer outra. Os preços são muito reduzidos.*

(Apud: Elizabeth S. C. Vilhena, *A imprensa periódica e o café*, p. 182.)

Vamos repassar tudo que vimos?

Moça tomando café

Num salão de Paris
a linda moça de olhar gris,*
toma café.
Moça feliz.

Mas a moça não sabe, por quem é,
que há um mar azul, antes da sua xícara de café;
e que há um navio longo antes do mar azul...
E que antes do navio longo há uma terra do Sul;
e que antes da terra um porto, em contínuo vaivém,
com guindastes roncando na boca do trem
e botando letreiros nas costas do mar...
e antes do porto um trem madrugador
sobe-desce da serra a gritar, sem parar,
nas carretilhas que zumbem de dor...
E antes da serra está o relógio da estação...
Tudo ofegante como um coração
que está sempre chegando e palpitando assim.
E antes dessa estação se estende o cafezal.
E antes do cafezal está o homem, por fim,
que derrubou sozinho a floresta brutal.
O homem sujo de terra, o lavrador
que dorme rico, a plantação branca de flor,
e acorda pobre no outro dia... (não faz mal)
com a geada negra que queimou o cafezal.

A riqueza é uma noiva, que fazer?
que promete e que falta sem querer...
Chega a vestir-se assim, enfeitada de flor,
na noite branca, que é o seu véu nupcial,
mas vem o sol, queima-lhe o véu,
e a conduz loucamente para o céu
arrancando-a das mãos do lavrador.
Quedê o sertão daqui?

Lavrador derrubou.
Quedê o lavrador?
Está plantando café.
Quedê o café?
Moça bebeu.
Mas a moça, onde está?
Está em Paris.
Moça feliz.

(Cassiano Ricardo, *Martin Cererê*, p. 202-3.)

A fazenda de café: um mundo em miniatura

Herbert Huntington Smith (1815-1919), foi um cientista americano que estudou o Brasil em viagens sucessivas. Em 1878 registrou suas impressões sobre uma fazenda de café do Império. De uma de suas visitas, resultou o seguinte relato:

[...] Uma grande fazenda, como a do Sr. S., é um pequeno mundo. Há forjas e oficinas; máquinas para o preparo de mandioca; uma serraria; um moinho de milho, uma moenda de cana e um alambique onde se faz a aguardente. Existe, também, um forno de tijolo e uma olaria, onde foi feita a maior parte dos vasos existentes no viveiro. A maquinária é propulsionada por uma turbina e por uma caldeira que a movimenta, instalações essas que o Sr. S. nos mostra com orgulho perdoável. Da casa das máquinas, ele nos leva ao curral que, sendo embora uma dependência auxiliar, não é absolutamente insignificante; veem-se ali oitenta bonitos bois, umas trinta mulas, cem porcos, cinquenta carneiros, além de perus, galinhas, galinhas-d'angola e pombos. Para coroar tudo isto há, também, um boi zebu, da Índia, comprado pelo Sr. S., em Paris, para experiência.

Grupos pitorescos de lavadeiras reúnem-se em torno da grande tina de pedra em que trabalham. Todas as manhãs ouve-se o barulho de uma máquina que corta as pontas da cana destinada ao gado. Na cozinha são preparadas as rações dos escravos em grandes fornos e caldeirões. Vemos um ferreiro trabalhando na forja; além, está um carpinteiro martelando ou serrando. Não vemos, porém, um só negro ocioso, pois mesmo os octogenários se ocupam na fabricação de cestas ou em outros trabalhos leves, e todas as crianças trabalham na fazenda, exceto os bebês, com o restante do pessoal. Somente aos domingos alguns dos trabalhadores mais fracos deixam de trabalhar, entregando-se a uma espécie de recreio. [...]

(*Uma fazenda de café no tempo do Império*, p. 14-5.)

Fazenda Cataguá em óleo de Georg Grimm. (Paulo Mercadante et alii, Fazendas: solares da região cafeeira do Brasil Imperial, *p. 27.)*

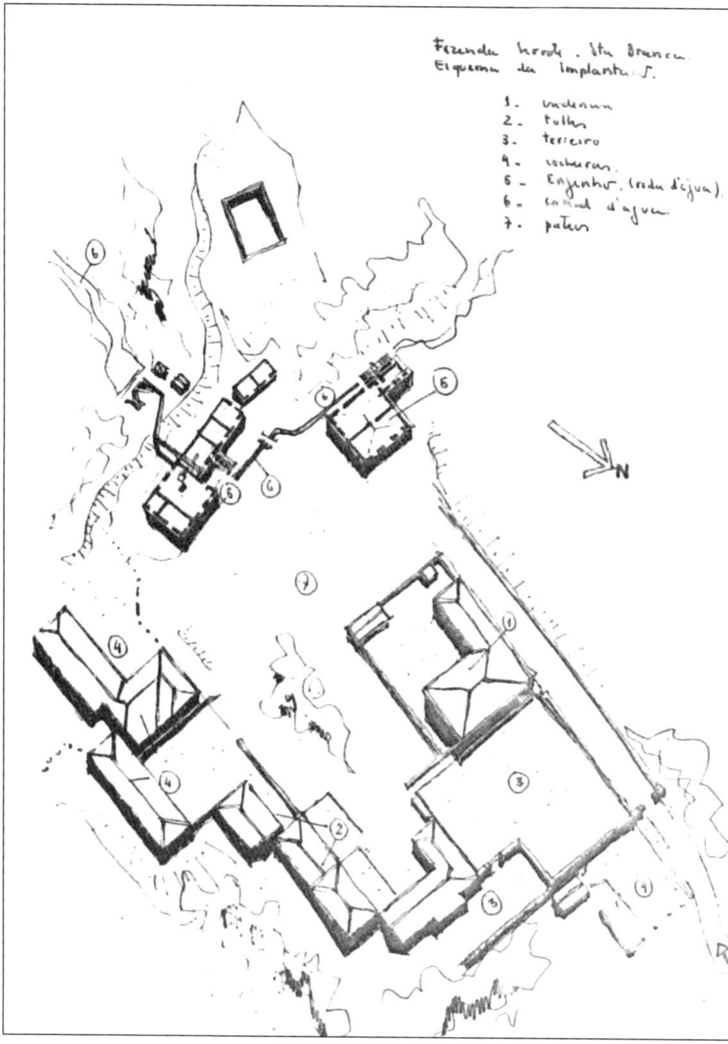

Fazenda Serrote (Antonio L. D. de Andrade et alii, Levantamento das técnicas e sistemas construtivos da região do vale do Paraíba — v. 14 — Santa Branca, *n.p.)*

A casa-grande

Observe duas descrições de casas-grandes, que espelham momentos econômicos e sociais diversos:

1ª) Em 1822, no vale do Paraíba paulista:

[...] Depois de ter feito cerca de duas léguas, cheguei à casa do capitão-mor da vila das Areias que fica situada a pequena distância da estrada. Não estava, mas fui recebido por seu filho, que me testemunhou muito pesar por me não poder deter na casa paterna. A morada do capitão tem um pátio pequeno, fechado por uma porteira, ao fundo da qual ficam algumas pequenas construções. Como em todas as fazendas que vi hoje, a casa do proprietário é baixa, pequena, coberta de telhas, construída de pau a pique e rebocada de barro. O mobiliário do cômodo em que fui recebido corresponde muito ao exterior, e consiste unicamente numa mesa, um banco, um par de tamboretes e uma comodazinha.

A pouco menos de légua da casa do capitão-mor, fica a cidadezinha de Areias, situada num vale entre dois morros cobertos de mato. [...]

(Auguste de Saint-Hilaire, *Segunda viagem a São Paulo...*, p . 124.)

2ª) Em 1860, próximo a Barra Mansa, no Rio de Janeiro:

A casa do Sr. Comendador José de Souza Breves, na sua fazenda do Pinheiro, não é uma habitação vulgar da roça; é um palácio elegante, e seria mesmo um suntuoso edifício em qualquer grande cidade. Situada sobre uma eminência, domina o vasto anfiteatro de montanhas que a circundam, e revê-se por assim dizer nas águas do orgulhoso Paraíba, que, poucas braças em frente, murmura seguindo o impulso de sua rápida correnteza. Duas pontes, que se encontram sobre uma ilha no meio do rio, dão passagem, mesmo em face da casa do Sr. Comendador Breves, de uma para outra margem. O aspecto que esta vista apresenta é realmente pitoresco e faz um efeito admirável a quem a contempla com olhos de artista.

Um delicioso jardim se desdobra como um tapete de flores pelo pendor da colina sobre que está assentada esta suntuosa habitação, e dá-lhe um novo realce. Duas escadarias laterais de mármore levam a uma espaçosa varanda, para onde deita a porta do salão de espera, que é uma vasta quadra cujas paredes estão adornadas pelos primorosos retratos de S. M. o Imperador e S. M. a Imperatriz, devidos ao hábil pincel de Cromoelston. Seis ou oito magníficas gravuras, representando as cópias de diferentes quadros de Horácio Vernet, completam a decoração artística desta elegante sala, correspondendo a mobília e os ornatos ao bom gosto que por toda parte reina. A sala nobre é uma peça soberba. Grandes espelhos de Veneza, ricos candelabros de prata, lustres, mobília, tudo disputa a primazia ao que deste gênero se vê de mais ostentoso na própria capital do Império. Enfim, todas as outras salas, o edifício inteiro está em harmonia com o luxo, profusão e riqueza do que acabo de descrever-te. [...]

(Augusto Emílio Zaluar, *Peregrinação pela província de São Paulo (1860-1861)*, p. 19-20.)

A senzala

Enquanto se descreve com frequencia a casa-grande da fazenda, construções na sua maioria suntuosas e confortáveis, poucas descrições existem sobre as senzalas, o alojamento da escravaria.

A precariedade das instalações era relativa... Convém lembrar que o escravo era um produto valioso para o fazendeiro, no qual havia investido uma grande soma, sendo conveniente que preservasse sua saúde para maior rendimento do trabalho.

Em 1878, o Dr. Luís Peixoto de Lacerda Werneck, filho do Barão de Pati do Alferes, acrescentou algumas anotações à *Memória sobre a fundação de uma fazenda na província do Rio de Janeiro*, de autoria de seu pai, considerando:

[...] Conquanto a arquitetura rural não tenha ainda constituído entre nós regras fixas, todavia é fora de dú-

vida que tal ou qual elegância não é incompatível com a economia que deve presidir a todas as construções que houverem de ser levantadas em uma fazenda. Por outro lado, as prescrições de higiene não elevarão, por certo, o custo das obras. Assim, a umidade, sendo um dos inconvenientes do nosso clima, é forçoso que o lavrador procure situar as habitações no lugar mais seco e enxuto do estabelecimento, e constituindo os escravos a máxima parte de sua fortuna, como de ordinário acontece, deve ele refletir que na conservação desses e na sua saúde e bem-estar é que consiste a prosperidade da sua indústria. Entretanto alguns agricultores, não atendendo a seus interesses, conservam seus escravos em cloacas úmidas e mal ventiladas, onde adquirem moléstias ou incômodos insidiosos, que posteriormente os levam ao túmulo. [...]

(p. 93)

Na ficção histórica temos, porém, relatos como este:

[...] No dia seguinte Espiridião quis mostrar ao visitante a senzala. Epitacinho relutou. Era, para ele, a parte mais desagradável. Conhecia as senzalas de muitas fazendas e só o cheiro delas já lhe causava náuseas. Não só a falta de higiene, mas também o estado de aviltamento a que submetiam os pretos. Mas o fazendeiro insistiu e acabou acedendo. Espiridião quando dizia algo era sempre em tom imperativo, que não comportava recusa e ele não tinha ainda o pedido das máquinas, no bolso.

Foi. Correia na frente, apontando as construções em quadrado, ao fundo do casarão da fazenda. Todas as portas se voltavam para o pátio interno. De longe ouviam o alarido dos molecotes e a conversa das mulheres. Mas, ao se aproximarem, as vozes se calaram. O respeito à figura do fazendeiro era irrepreensível. Olhavam-nos meio desconfiados.

Epitacinho não sentia prazer naquela visita. Pior ainda quando se dirigiram aos galpões dos fundos, lugar onde se puniam os escravos. Sabia que, pelas menores culpas, os pobres negros eram submetidos, nas fazendas, aos mais desumanos suplícios e a Monte Alegre não fazia exceção.

Pelas paredes ou presos a enormes toras ali estavam instrumentos de suplício, à vista dos quais o visitante sentiu engulhos. Quis apressar os passos, mas Espiridião, insensível, parecia sentir prazer em descrevê-los. Quando chegaram aos fundos, Epitácio não pôde deixar de estacar, abruptamente, e voltar-se para direção contrária.

Vira um escravo gemendo, preso pelos pulsos com algemas de ferro e pendurado sob o peso do corpo. O espetáculo arrepiava.

Voltou apressado. Espiridião fez que não entendeu a reação do visitante, acendeu o cigarro e procurou alcançá-lo. [...]

(Francisco Marins, *Clarão na serra*, p. 76-7.)

O declínio prematuro

Mesmo com as técnicas modernas, a cultura cafeeira se manteve predatória e itinerante, deixando para trás florestas virgens destruídas. Fazendas outrora produtivas tornavam-se imprestáveis e eram abandonadas por proprietários que iniciavam plantações em novas terras. A vida faustosa registrada no apogeu da produção deixa de existir. Restam apenas terras esgotadas e as primitivas instalações, agora decadentes. O abandono da casa-grande é o símbolo maior desse declínio. Carlos Drummond de Andrade reproduz bem esse fim de "glória fazendeira":

Casarão morto

Café em grão enche a sala de visitas,
os quartos – que são casas – de dormir.
Esqueletos de cadeiras sem palhinha,
o espectro de jacarandá do marquesão
entre selas, silhões, de couro roto.
Cabrestos, loros, barbicachos
pendem de pregos, substituindo
retratos a óleo de feios latifundiários.
O casão senhorial vira paiol
depósito de trastes aleijados
fim de romance, p. s.
de glória fazendeira.

(*Nova Reunião: 19 livros de poesia,* p. 624.)

CAPÍTULO 3

Do trabalho escravo ao trabalho livre

"Os negros estão sujeitos a uma fiscalização rígida e o trabalho é regulado como uma máquina."

(Herbert H. Smith, visitando uma fazenda do Império, em 1878.)

O cotidiano do escravo

Vejamos o dia a dia do escravo numa fazenda de café do Rio de Janeiro, lá pelos idos de 1847. Tenhamos presente que o autor destas recomendações era um grande proprietário de escravos, o Barão de Pati do Alferes. Os cuidados que parece ter com a escravaria decorrem, na verdade, mais de sua preocupação em manter um produto caro, que lhe significava investimento com o trabalhador. O envelhecimento, a morte, as fugas e revoltas, as doenças dos negros precisavam ser combatidas, para não dar prejuízo.

Vamos fazer um percurso junto com o administrador da fazenda do Barão de Pati do Alferes, para conhecer a rotina do trabalho escravo:

[...] O administrador, meia hora antes de romper o dia, deve mandar tocar a chamada, à qual acodem de pronto,

e a um ponto já designado, toda a escravatura dos diversos trabalhos; formam-se com separação dos dois sexos, e por altura, ficando os mais altos à direita, e as mulheres defronte dos homens. O feitor toma o centro; passa-lhe uma revista para ver os que faltam, tomando nota se por doentes, se por omissão ou fuga; dá alta aos restabelecidos do hospital, e recolhe a ele os que se acham enfermos: observa se eles têm a ferramenta própria do trabalho do dia, cuja ordem deve ser dada de véspera. Imediatamente os mandará persignar-se e rezar duas ou três orações, seguindo logo ao seu destino com o feitor na retaguarda. [...]

Monta depois a cavalo, e vai ver as roças, demorando-se todo o tempo possível no lugar em que se acham os pretos trabalhadores, observar se o serviço é bem feito, o capim bem arrancado, os roçados com todas as árvores bem decepadas, os cipós bem cortados, etc. Seguirá depois para os terreiros de café a ver se vão bem mexidos, se há neles falta feita pelos ladrões; mandar, antes da colheita, fazer-lhe cercas de taquara no lugar para onde se encaminham as águas. [...]

Esta inspeção deve ser diária; o café deve ser mexido todos os dias para que seja de boa qualidade e seque mais depressa. Dar depois uma vista de olhos pelas roças de milho, feijão, mandioca, etc., a fim de observar o seu estado, e ver se as cercas estão boas, e os animais da fazenda ou vizinhos as não estragam. Acabado este trajeto, irá ver se os falquejadores do mato (se os houver) estão cumprindo seus deveres; se a madeira que estão tirando é de boa qualidade e se não há desperdício nela; pôr as picadas, e mandar fazer-lhe os caminhos para ser conduzida ao lugar da obra. Este trabalho deve ser feito por pouco número de pretos e dos melhores da fazenda, pois que a prática tem demonstrado que quanto maior é o número, menos rende o serviço. Assim uso nos reparos de cercas e outros misteres, salvo sempre urgente necessidade, e então deve ir com eles um feitor.

O administrador, de noite, quando chegar a escravatura, deve de novo formá-la, passar-lhe uma segunda revista, ver se trouxeram capim para a cavalariça, ou lenha para si ou para gasto da casa, se dela se precisar. Ordenar então o serão da noite, ou no paiol ou no engenho de mandioca, porém que não exceda das 8:30 h às 9:00 h, então vão logo cear e se recolher às suas senzalas, proibindo que saiam delas até o toque da chamada da madrugada seguinte. Todo o que infringir este preceito policial será castigado conforme a gravidade do caso. [...]

(Francisco P. de L. Werneck, *Memória sobre a fundação de uma fazenda...*, p. 61-2.)

Ainda de acordo com as recomendações do Barão de Pati do Alferes:

[...] O preto trabalhador de roça deve comer três vezes ao dia, almoçar às oito horas, jantar à uma hora e cear às oito até nove. Sua comida deve ser simples e sadia. Em serra acima, em geral, não se lhe dá carne; comem feijão temperado com sal e gordura, e angu de milho, que é comida muito substancial. A farinha de mandioca é fraca e de pouca nutrição. Quando por necessidade me vejo obrigado a dar-lhe seguidamente dela com feijão, começam a sentir-se fracos e tristonhos e vêm requerer o angu: por isso o mais que faço é intermear uma comida com duas de angu.

Não mandeis o vosso escravo adoentado para o trabalho; se tiver feridas, devem-lhe curar completamente para então irem ao serviço. Tenho visto em algumas fazendas pretos no trabalho com grandes úlceras, e mesmo assim lá andam a manquejar em risco de ficarem perdidos ou aleijados. Este proceder, além de desumano, é prejudicial aos interesses do dono. [...]

(Id., ibid., p. 64.)

Sobre o castigo do escravo, ponderava:

[...] Há também alguns senhores que têm o péssimo costume de não castigar a tempo, e de estar ameaçando o escravo dizendo-lhe — deixa que hás de pagar tudo junto — ou, vai enchendo o saco, que lhe há de transbordar e então nos veremos — e quando lhe parece agarra o pobre negro, dá-lhe uma estafa da qual vai muitas vezes para a eternidade, e por quê? porque pagou tudo junto!!! *Barbaridade! O negro deve ser castigado quando faz o crime: o castigo deve ser proporcionado ao delito; ele que apanha, se não esquece e se corrige com esta pontualidade. Fazei pois justiça reta e imparcial ao vosso escravo, que ele apesar de sua brutalidade não deixará de reconhecer. [...]*

(Id., ibid., p. 64.)

Em romance escrito um pouco antes da abolição, em 1888, o escritor Júlio Ribeiro expressa, através do personagem Coronel Barbosa, a mentalidade do fazendeiro escravocrata, que assim justificava o castigo aplicado ao escravo:

[...] — Ai, filha! você não entende deste riscado. Qual barbaridade, nem qual carapuça! Neste mundo não existe coisa alguma sem sua razão de ser. Estas filantropias, estas jeremiadas moderna de abolição, de não sei que diabo de igualdade, são patranhas*, são cantigas. É chover no molhado — preto precisa de couro e ferro como precisa de angu e baeta. Havemos de ver no que há de parar a lavoura quando esta gente não tiver no eito*, a tirar-lhe as cócegas, uma boa guasca* na ponta de um pau, manobrada por um feitor destorcido. Não é porque eu seja maligno que digo e faço estas coisas; eu até tenho fama de bom. É que sou lavrador e sei o nome aos bois. [...]*

(*A carne*, p. 49-50.)

Uma estrutura em crise

As posições em relação ao trabalho escravo ou sua substituição pelo trabalho livre variavam.

Em 1847, o já mencionado Barão de Pati do Alferes admitia a baixa rentabilidade do escravo, e mesmo assim não o substituía pelo trabalhador livre, justificando:

Escravatura

> *É este o gérmen roedor do Império do Brasil, e que só o tempo poderá curar. Abundância de braços cativos e o imenso terreno por cultivar esquivam o trabalhador livre do cultivo de nossos campos. Vê-se, por experiência própria, que um colono, a quem vamos a bordo de um barco pagar a passagem, mal se sujeita a indenizar seu amo, retirando-se ou evadindo-se muitas vezes sem ter cumprido seu contrato, mas por quê? Por achar ele quem muitas vezes gratuitamente lhe oferta um pedaço de terra para trabalhar por sua conta, ou o inquieta com esperança de maior ganho.*
>
> *Nestes termos: vê-se a necessidade de continuar com esse cancro roedor*, cujo preço atual não está em harmonia com a renda que dele se pode tirar; ainda de mais acresce a imensa mortandade a que estão sujeitos e que devora fortunas colossais, e traz a infalível ruína de honrados e laboriosos lavradores, que tendo uma fortuna feita se veem carregados de dívidas, e seus bens não chegando para satisfazer a quem os vendeu, muitas vezes sabendo que vão carregados de enfermidades incuráveis. Faz pena ver o atraso da maior parte dos nossos agricultores, carregados de um fardo que pesa mais que suas forças sendo pouco o que fazem para os credores, e por fim aí vai tudo à praça, não chegando mesmo para satisfazer suas dívidas! E por quê? Porque lhe morrerão os escravos,*

e ele se vê de braços cruzados lamentando a sua sorte! Outra vez digo: não está em harmonia o preço do escravo com o produto que dele se tira. [...]

(Francisco P. L. Werneck, *Memória sobre a fundação de uma fazenda...*, p. 62-3.)

Em 1851, a publicação *O Auxiliador da Indústria Nacional*, em nota de observadores que não eram lavradores, mas analisavam a questão da mão de obra do ponto de vista técnico, admitia:

Comparação entre o custo do trabalho escravo e do trabalho livre

Diz-se muitas vezes que o trabalho livre é mais lucrativo do que o escravo, e isto tem-se repetido sem que, ao menos que víssemos, se tenha apresentado a prova numérica. É o que agora pretendemos fazer, e com os números mostraremos que a verdade daquela proposição excede os limites, que nós mesmos lhe tínhamos fixado. Aqui damos os resultados dos cálculos aritméticos, e convençam-se os incrédulos diante dos algarismos de que, por determinação providencial, o honesto é o mais útil ou segundo a bela expressão do sábio Humboldt: na ordem social e política, o injusto encerra em si o princípio da destruição. Ei-los:

Custo de um escravo	*600$000*
Interesse de 6% sobre este capital durante 12 anos, vida média atribuída ao africano escravo	*607$000*
Importância das despesas de sustento, vestuário e medicamentos à razão de 200 rs. diários ou de 73$ anuais, acumulando os juros respectivos durante o mesmo prazo de 12 anos	*1:305$326*

Custo do trabalho de um escravo durante 12 anos	*2: 512$526*
O trabalho de um homem livre é pelo menos duplo do trabalho de um escravo, e conseguintemente o serviço escravo equivalente ao de um homem livre durante 12 anos custa	*5:025$052*
O trabalho de um homem livre durante 12 anos, à razão de 800 rs. diários ou de 240$000 rs. anuais, supondo no ano 300 dias úteis, custa com a acumulação dos juros respectivos de 6%..................	*4:290$850*
Diferença em favor do trabalho livre	*734$202*

Assim em 12 anos um fazendeiro que empregasse 50 escravos no custeio de suas terras, economizaria pela substituição de braços livres uma soma de 14:356$750 rs., que posta a juros de 6 por cento se elevaria no fim de 25 anos, termo de sua vida, pois que supomos que ele principia seus trabalhos aos 25 anos de idade, à não desprezível quantia de 61:619$164, com que poderia felicitar seus filhos além da sua lavoura, que sempre teria marchado em progresso.

(Apud: Eduardo Silva, 'Introdução'. In: Francisco P. L. Werneck, *Memória sobre a fundação de uma fazenda...*, p. 23-4.)

A transição: o sistema de parceria

Embora nos primeiros anos a experiência de parceria parecesse promissora, logo começaram a surgir descontentamentos entre os colonos. As terras que recebiam, muitas vezes com pés de café velhos e improdutivos, e os juros cobrados sobre as dívidas de viagem e transporte impossibilitavam o parceiro de saldar suas despesas com os fazendeiros.

Em 1856, um grupo de suíços da colônia Ibicaba, do senador Vergueiro, revoltou-se, sob a liderança do mestre-escola Thomas Davatz. Houve intervenção policial e Davatz retornou à Suíça, onde publicou um livro sobre as condições de vida na fazenda. O incidente não se encerrou aí. Em 1860 foi enviado da Suíça o cônsul J. J. von Tschudi para estudar os problemas da emigração daquele país para o Brasil, viagem que também resultou em livro. Ambos os relatos, do colono e do cônsul, são parciais. O de Davatz é a voz de um colono contra o patrão; o de von Tschudi, como representante diplomático, é um texto conciliador:

> *[...] Nesse local, justamente cognominado de Cabeça de Pedra, foram repartidos os cafeeiros a todos os que chegamos no dia 8 de julho de 1855. Muitos colonos, que se queixavam de ter recebido pouco em Cabeça de Pedra, foram contemplados com algumas fileiras adicionais de cafeeiros em lugar melhor. A mim foi atribuído a princípio um trecho com cerca de 2 000 árvores e logo depois outro, abrangendo o total de 3 400 cafeeiros no mínimo. O trecho com as duas mil árvores abandonei-o mais tarde, porque minha família diminuíra com um casamento e outras circunstâncias. Isso não obstante o fato de ter já carpido todo o terreno sem a menor remuneração. As três mil e quatrocentas árvores que me restavam já eram o bastante. Esse cafezal e mais aquele a que tive de renunciar tinham todas as desvantagens acima referidas (pedras de todos os tamanhos, árvores ruins e minadas além de grandes espaços vazios). Quebrei minha enxada nas pedras numerosas e despendi grande esforço e um tempo enorme em trabalhar nesse cafezal. Tudo para colher no generoso ano de 1856 nada mais do que trezentos e vinte e nove e meio*

alqueires de café, devido à carência de boas plantas. E note-se que esse total ainda foi tido como excelente por muitas pessoas conhecedoras do terreno. [...]

(Thomas Davatz, *Memórias de um colono no Brasil*, p. 59-60.)

[...] A primeira colônia de parceria que visitei ao sair de Rio Claro, foi a de São Lourenço, pertencente ao sr. comendador Luís Antônio de Souza Barros. Encontrei este senhor, que reside habitualmente em São Paulo, na fazenda, bem como toda a família, que me recebeu amavelmente. Confessou-se melindrado com certos relatórios publicados relativos à sua colônia, que taxou de falsos, mas as observações eram feitas com moderação e calma próprias de um homem educado. Sua fazenda é uma das maiores do distrito cafeeiro da província e uma das mais bem organizadas. Nessa ocasião, 92 famílias de colonos habitavam o estabelecimento, algumas delas já com seus débitos liquidados. Havia entre esses colonos 32 famílias suíças, quase todas em débito ainda com o fazendeiro, sendo que algumas delas estavam sobrecarregadas com os adiantamentos das comunas. Alguns desta gente eram indivíduos degradados, viciados no álcool e pouco dados ao trabalho intenso; naturalmente nunca mais se livrarão da dívida. Como exemplo vou citar o caso de uma família que tomou a si o cuidado de apenas 420 arbustos de café, ao passo que outra, pouco mais numerosa, cuidava de 2 000 cafeeiros. Algumas famílias cuidavam apenas de 500 a 700 cafeeiros. Quando lhes perguntei por que não cultivavam maior quantidade, responderam-me que estavam sobrecarregados de dívidas que não lhes importava trabalhar no cafezal. A roça lhes dava o suficiente para viverem e não viam necessidade de se matarem a

trabalhar. A colheita de 42 arbustos (26 arrobas em média, das quais metade pertence ao patrão) não é suficiente para o pagamento dos juros de 6%, e muito menos ainda, para amortizar a dívida. Alguns colonos, entretanto, se queixavam de não haverem recebido número suficiente de pés. Mas o diretor explicou, na presença dos próprios queixosos, que não puderam negar, que a reclamação sempre era feita antes da colheita, e, quando lhes davam o número de cafeeiros pedidos, faziam a colheita, mas recusavam-se, logo após, a trabalhar em tantos arbustos, quando se iniciava época de trabalho árduo de capinar a terra e tratar dos arbustos, pretendendo por este modo usufruir das vantagens sem se darem ao devido trabalho. Outras queixas não me foram apresentadas, a não ser as relativas aos antigos adiantamentos das comunas. Manifestaram-se satisfeitos com o tratamento dispensado pelo fazendeiro e administrador Schmidt. As terras eram abundantes e boas, e, além disso, os colonos recebiam rações de sal, açúcar e café. Em geral, os colonos sabem prover-se de café tornando assim desnecessário o fornecimento por parte da administração. [...]

(Johann J. von Tschudi, *Viagem às províncias do Rio de Janeiro e São Paulo*, p. 187-8.)

A situação se agrava

A situação agravou-se para o cafeicultor após a abolição do tráfico negreiro pela lei Eusébio de Queirós, em 1850. O escravo tornou-se raro e caro. Certo que ainda continuou contrabandeado da África; mais tarde, eram adquiridos no Nordeste, dos senhores de engenho, devido à decadência da exploração canavieira.

Entre 1852 e 1859, chegaram de outras províncias para o Rio de Janeiro 26 622 escravos, de acordo com esta relação:

1852	*4 409 escravos*
1853	*2 090*
1854	*4 418*
1855	*3 532*
1856	*5 006*
1857	*4 211*
1858	*1 993*
1859	*963*
Total	*26 622 escravos*

(Stanley J. Stein, *Grandeza e decadência do café no vale do Paraíba*, p. 78.)

O fato mais significativo desta crise da mão de obra foi a alta do preço do escravo. Após 1850, ano da lei da abolição do tráfico, os preços praticamente triplicam. Em 1865, uma escrava valia mais que o escravo homem, pois seu papel reprodutor tornava-a mais valiosa. Confira a alta dos preços, tomada em anúncios de jornais da época:

PREÇOS MÉDIOS (em mil-réis)			
Ano	*Homens*	*Mulheres*	*Média*
1835	*375*	*359*	*367*
1845	*384*	*371*	*378*
1855	*1075*	*857*	*966*
1865	*972*	*1145*	*1059*
1875	*1256*	*1106*	*1181*

(Mircea Buescu, *História econômica do Brasil*, p. 245.)

Com essa precariedade da mão de obra, os cafeicultores, e agora também o governo, empenham-se na vinda de trabalhadores livres europeus. Dão início a um programa de imigração, investindo grandes somas para realizá-lo. Entretanto, atrair europeus para o Brasil não foi fácil. O país era associado ao regime escravo, sem liberdade de religião, visto como uma Monarquia atrasada. Daí a necessidade da *propaganda*.

A propaganda

Foi preciso muita propaganda para criar uma imagem favorável do Brasil que incentivasse a vinda de imigrantes, particularmente italianos, para as fazendas de café.

Era necessário criar uma imagem paradisíaca e segura do país. Panfletos, livros e fotografias foram distribuídos através de agentes na Europa com tal finalidade.

Colheita do café. Foto de Guilherme Gaensly, tirada em 1902. (Bóris Kossoy, São Paulo, 1900, p. 107.)

Esta imagem do fotógrafo suíço Guilherme Gaensly, tirada em 1902, prestou-se como um dos recursos utilizados pelos agentes de recrutamento de trabalhadores na Europa. O estudioso de fotografia Bóris Kossoy conclui que se trata de uma "perfeita" composição, onde se propaga uma imagem serena e pitoresca da colheita do café. Na verdade, esta "montagem" escondia a dura realidade dos trabalhadores imigrantes, submetidos a rendimentos baixos e dura disciplina de trabalho.

Italianos: por que emigravam?

A canção *Italia bella, mostrati gentile*, provavelmente de 1899, foi extraída de uma coleção de canções de imigrantes e revela as razões que levavam o emigrado a abandonar o seu país:

Itália bela, mostre-se gentil
e os filhos seus não a abandonarão,
senão, vão todos para o Brasil,
e não se lembrarão de retornar.
Aqui mesmo ter-se-ia no que trabalhar
sem ser preciso para a América emigrar.

O século presente já nos deixa,
o mil e novecentos se aproxima.
A fome está estampada em nossa cara
e para curá-la remédio não há.
A todo momento se ouve dizer:
eu vou lá, onde existe a colheita do café.

(Zuleika M. F. Alvin, *Brava gente! Os italianos em São Paulo*, p. 17.)

A emigração se deu pelas lutas políticas do processo de unificação da Itália e pela crescente penetração capitalista no campo e consequente expulsão do trabalhador rural. Em outras palavras: a Itália vivia transformações na sua economia. O pequeno agricultor, fosse ele meeiro* ou arrendatário*, não podia enfrentar a concorrência de preços dos grandes proprietários. Estava também impossibilitado de pagar as altas taxas de impostos que o levavam ao endividamento. Quando muito, conseguia empregar-se como trabalhador na indústria nascente, pois mesmo aí havia um excedente de mão de obra. Até 1885, primeiro momento da imigração para o Brasil, foram esses pequenos proprietários que saíram da Itália. Observe o crescimento da imigração, que mais tarde não se restringiu só aos italianos, atingindo portugueses, espanhóis e japoneses.

IMIGRAÇÃO PARA O BRASIL — 1850-1889			
Decênios	*Imigrantes entrados no Brasil*	*Imigrantes entrados em São Paulo*	*% de São Paulo sobre o Brasil*
1850 – 1859	*108 045*	*6 310*	*5,8*
1860 – 1869	*106 187*	*1 681*	*1,6*
1870 – 1879	*203 961*	*11 730*	*5,7*
1880 – 1889	*453 788*	*183 349*	*40,1*
Total	*871 981*	*203 070*	*29,4*

(Fonte: Heitor Ferreira Lima, *História político-econômica e industrial do Brasil*, p. 241.)

CAPÍTULO 4

Do rural ao urbano

"Todas as cidades querem ser corte [...] ainda que seus habitantes só tenham por ponto de reunião a casa onde se joga dominó e todas as portas se fechem antes do toque de recolher..."

(Augusto Emílio Zaluar, 1860)

"A modernização, aliada à urbanização, se fez apenas de fachada. Ao lado do progresso, o caboclo vegetava."

(Emilia Viotti da Costa)

A ferrovia

Com os elevados custos do transporte em lombo de burro dificultando que se plantasse café muito distante dos portos de embarque (Mambucaba, Ubatuba, Santos), os cafeicultores investiram na ferrovia. Inicialmente, com o apoio da Inglaterra, que forneceu recursos financeiros e tecnologia, e, em seguida, pela providência dos fazendeiros de café, a estrada de ferro se espalhou, sobretudo pela província de São Paulo.

Inaugurado em 1867 o primeiro trajeto, de Santos a Jundiaí, o avanço dos trilhos foi saudado em prosa e verso. Não só barateava o escoamento do produto, mas simbolizava o progresso e a modernidade.

Em 1877, o poeta Antônio Carlos de Almeida publicava o seguinte poema, onde expressava o impacto que a locomotiva causava no até então pacato ambiente rural:

A locomotiva

(Ao Conselheiro Homem de Mello)

Começa a arfar o trem. A máquina flameja
lançando em profusão o fumo pelo ar!
De dentro da caldeira mil jorros d'água fervida
num doido turbilhão impelem-na a andar.

Partiu. Lá vai correndo em rápido galope
como o raio cortando o vasto imenso espaço!
Não olha para trás. Caminha, e as auras mansas
alagam-lhe, beijando, o forte peito de aço.

Transpõe como um leão as curvas do caminho,
assusta os animais, espanta-os, passa ovante!*
Penetra o rijo seio aberto das montanhas
imprimindo na treva um sulco lampejante.

Ó murmurosa máquina, um gênio altivo e forte
habita-te as entranhas batidas pelo malho!
É a Força, a Inteligência, a Luz que fez as forjas,
as prensas e o telégrafo aos hinos do trabalho!

Saudemos, pois, a máquina, a ideia, o pensamento,
o gênio do ideal fundo como o oceano!
Saudemos com calor esse poema enorme
de ferro, fogo e aço do grande Engenho humano!

(In: José Maria Lisboa, org., *Almanach literário de São Paulo para 1878*, p. 63.)

Enquanto isso, as tropas de burro ainda cruzavam a paisagem, compondo-se com a ferrovia:

[...] A tropa era como pequeno povoado em marcha, com boa organização e disciplina. Cada arrieiro tomava conta de doze animais e era preciso conseguir alimentos, prover às despesas, providenciar os pousos, alugar potreiros, manter em ordem o arreame, cangalhas e pertences: peitoral, retranca, bruacas, ligás e arrocho.

As bruacas seguiam carregadas de café destinado à ponta dos trilhos. As lavouras da serra começavam a produzir e o preço bom do produto permitia mandá-lo embarcar à distância, através da velha rota, em parte aberta pelos índios.

Espiridião gostava daquela vida e podia varar meses no lombo dos animais, cortando os antigos caminhos, lidando com o gado ou puxando tropas. [...]

(Francisco Marins, *Clarão na serra*, p. 50-1.)

As cidades

Em função da economia cafeeira, conheceram rápidas transformações a sede da Corte (Rio de Janeiro), a cidade de São Paulo, as cidades portuárias como Ubatuba e Santos e aquelas até onde chegava a ferrovia, conhecidas como "fim de linha" ou "pontas de trilho". Isso porque, responsáveis pela produção, comercialização e exportação do café, eram as grandes fornecedoras do mercado externo. No restante do Brasil, um imenso mundo rural, encontravam-se ainda vilas perdidas e atrasadas.

Mesmo na província de São Paulo, responsável por 2/3 da arrecadação do país, os contrastes eram grandes. Um exemplo desses contrastes e de uma supervalorização das cidades cafeeiras é a cidade de Bananal, no vale do Paraíba paulista.

Em 1854, Bananal é o primeiro produtor de café da província, com 554 600 arrobas; o município contava

A TEIA FERROVIÁRIA

População e estradas de ferro em São Paulo, 1900.

então com 7621 escravos, que correspondiam a 66,4% da população total, que era de 11663 pessoas. Nessa década, abrem-se ruas, constroem-se palacetes, adquirem-se lampiões para iluminação pública, e na cidade havia até um agente do Consulado Geral de Portugal. Entretanto, o "aformoseamento" da cidade escondia problemas graves, comuns a várias cidades promissoras da província, como se percebe pelo relatório a seguir:

> *[...] A Cidade situada em uma pequena planície, está cercada por altos montes, não podendo ser convenientemente lavada por ventos; edifícios sem regra, e aglomeração de povo são já causas para os habitantes contraírem qualquer moléstia. O pequeno Cemitério colocado em um lugar baixo, cercado por montes, pela Matriz e uma casa alta, não podendo ser ventilado, além disso recebendo as umidades dum monte e descendo as deste e suas a um córrego, que dá serventia a diferentes moradores, servindo de pasto para cavalos, porcos e cabritos, catacumbas mal construídas e ainda arrombadas, e o que mais? [...] Águas estagnadas com vegetais em decomposição no centro da cidade, e margens dos Rios; casas edificadas em charcos; quintais com lama, com profundidade de dois palmos; depósito de imundícies, chiqueiros de porcos, animais mortos em decomposição, porcos e cães volantes no centro da Cidade, açougues não ventilados, verdadeiras estufas e mal asseados; matadouros em lugares indeterminados, eis as causas que a Comissão encontrou mais que suficientes para qualquer epidemia mortífera. [...]*

(Transcrição do relatório de uma comissão de higiene que verificou as condições da cidade de Bananal em 1850. Apud: Marly Rodrigues et alii, *Bananal. Estudo de tombamento.*)

A cidade de Santos, conforme foi apreendida pelo escritor Júlio Ribeiro, por volta de 1888, exemplifica uma dinâmica incomum nas cidades brasileiras e mesmo paulistas daquele tempo:

> *[...] Vista do mar, do estuário, a cidade é negra:* black town *lhe chamam os ingleses.*
>
> *Os enormes vapores transatlânticos alemães, os esquisitos e bojudos carregadores austríacos, as feias barcas inglesas e americanas de costado branco, os mil transportes de todas as nações, entram pela ria*, encostam-se à praia, varam quase em terra, afundam as quilhas no lodo negro, constelado de cascas de ostras, de ossos, de cacos de louça, de garrafas, de latas, de ferros velhos, dessas mil imundícies que constituem como que os excrementos de uma povoação. Comunicam com a terra por pranchões lisos, ou canelados a tabicas.*
>
> *Pelas ruas vai e vem, encontra-se, esbarra-se um enxame de gente de todas as classes e de todas as cores, conduzindo notas de consignação, contas comerciais, cheques bancários, maços de cédulas do Tesouro, latinhas chatas com amostras de mercadorias. Enormes corroções articulados, de quatro rodas, tirados* por muares possantes, transportam, da estação do caminho de ferro para os armazéns, e deles para as pontes, para o embarcadouro, os sacos de loura aniagem, empanturrados, regurgitando de café. Homens de força bruta, portugueses em sua maioria, baldeiam-nos para bordo, sobre a cabeça, de um a um, ou mesmo dois, em passo acelerado, ao som, por vezes, de uma cantiga ritmada, monótona, excitativa de movimento como um toque de corneta. [...]*
>
> (*A carne*, p. 136-7.)

Já mais ao final do século, a cidade de São Carlos, na atual Baixa Paulista, núcleo cafeicultor que recebeu um dos maiores contingentes de imigrantes italianos, tipificava as cidades progressistas beneficiadas pelo café:

[...] Por volta de 1890, São Carlos era uma das cidades mais progressistas do interior do estado de São Paulo. O que seus cidadãos pretenderam criar em sua cidade foi uma cópia perfeita da vida urbana e cultural da capital. A "Princesa do Oeste" foi o primeiro epíteto que inventaram para a cidade, pois na época café e oeste eram quase sinônimos [...]. A cidade queria dizer civilização, o que por sua vez significava progresso. A civilização não provinha da Igreja, e sim da Europa e da capital. O progresso da vida era o progresso do consumo. Era a realização da vida neste mundo. Os fazendeiros, tanto quanto o café e a Princesa do Oeste, nasceram no cafezal. Tudo nascia na fazenda, desabrochava na cidade e florescia na civilização. Na fazenda eles nasciam e trabalhavam; e, na cidade, viviam, desfrutavam da vida, consumiam o que produziam na fazenda, e preparavam-se para morrer. [...]

Em resumo, a cidade era idealmente o lugar para consumo e não para produção. Era o lugar onde as luzes ficavam acesas à noite; onde as senhoras frequentavam o hipódromo; e onde um fazendeiro jamais deixava sua casa sem usar sobrecasaca e chapéu de seda. A Princesa do Oeste nasceu para irradiar sua beleza e divertir a vida, e não para trabalhar para produzir alguma coisa. A maior parte das empresas fundadas pelos fazendeiros na virada do século — as companhias de luz elétrica, de telefones, de bondes, o teatro, os sistemas de água e esgoto — eram obras de melhoramento, em outras palavras, empresas orientadas para o consumo e não para a produção.

(Takashi Maeyama, *Familialization of the unfamiliar world: the familia, networks and groups in a brazilian city*. Apud: Oswaldo Truzzi, *Café e indústria. São Carlos: 1850-1950*, p. 38-40.)

A sociedade

Ocorreram mudanças consideráveis na sociedade da economia cafeeira.

O *fazendeiro*, inicialmente limitado ao seu mundo rural, morando na fazenda e de hábitos conservadores, transforma-se, mais tarde, em fazendeiro citadino, que tem palacete na capital, onde desenvolve outros negócios paralelos ao do café. Investe em comércio, bancos e indústria. Muitos deles se tornam "barões", compondo o reduzido mais influente grupo da "aristrocracia do café". Nos últimos anos do Império, inclusive, houve uma exagerada distribuição de títulos de nobreza, não só aos proprietários rurais empobrecidos pela abolição sem indenização, mas também para reforçar o prestígio do Trono.

As cidades recebem elementos novos: advogados (vários), médicos (poucos), engenheiros (geralmente de ferrovias), professores, funcionários públicos, comerciantes, militares, imigrantes, que formam uma *camada média urbana*, origem da futura classe média brasileira.

Quanto aos *escravos*, sua situação não mudou, mesmo depois da abolição. Com poucas exceções, são poucos os libertos que conseguem colocar-se profissional e socialmente.

Caricatura de O Cabrião *que satiriza a venda a dinheiro de títulos de nobreza pelo Ministro do Império, com a aquiescência do Imperador D. Pedro II. O Brasil é representado pelo índio, que, na figura, esconde o rosto, envergonhado. (Raimundo Magalhães Jr.,* O império em chinelos, *ilustr. fora do texto, entre p. 12 e 13.)*

Fonte: IEB

A **elite** compunha-se de *proprietários*, na sua maioria de terras; *lavradores*, geralmente de café; *capitalistas*, que emprestavam dinheiro a juros. Observe, a seguir, representantes de duas gerações de cafeicultores e sua residência da cidade:

Maria Isabel d'Assunção, Baronesa de Pati do Alferes (1807-1866), nos trajes habituais de fazendeira da época.

Luís Peixoto de Lacerda Werneck (1824-1886), filho do Barão de Pati do Alferes, fazendeiro, advogado, capitalista e funcionário público.

Casa do Barão de Pati, em Pati do Alferes, no Estado do Rio de Janeiro. Construída em 1849, nela hospedou-se o Imperador D. Pedro II. Já neste século, foi transformada no Hotel do Imperador *e, finalmente, demolida. (Eduardo Silva,* Barões e escravidão, *n.p.)*

A **camada média urbana**, que se forma lentamente, constitui-se, na sua maioria, de profissionais que passam a morar nas cidades, vivendo da renda de seus trabalhos urbanos.

Para ter uma ideia do que foi o surgimento dessa camada média urbana, reproduzimos a seguir um levantamento das profissões, indústrias e lojas da cidade de Rio Claro, em 1873:

DO RIO-CLARO

PROFISSÕES

Agrimensor

Manoel José de Carvalho, rua da Aurora.

Architecto

Antonio Montezuma Leite, rua da Boa Vista.

Dentistas

Fernando Rossi, rua Municipal.
Joaquim Gomes d'Oliveira, idem.

Esculptor

Mendes, rua Formosa.

Homœopathas

José Joaquim Rodrigues da Silva.
Luiz Antonio José de Freitas.

Medicos

Dr. João Henrique Gattiker, rua do Commercio.
Dr. Joaquim de Paula Souza, idem.
Dr. José Ferreira de Seixas, idem.
Dr. Francisco Vilella de Paula Machado, idem.

Parteiras

Manoela, rua da Aurora.
Rita, rua do Commercio.

Professores de musica

Eduardo Bohn, rua do Commercio. Ensina piano e canto.
José Bento Barreto. Ensina musica vocal e instrumental.
D. Maria Candida da Motta. Ensina piano e canto.

COMMERCIO

Lojas de fazendas

Antonio Domingues Tinoco, rua Direita.
Antonio Gonçalves Amorim, rua da Boa Vista.
Antonio Martins Lamenha, rua de Santa Cruz.
Candido José de Souza Soares, rua da Cadêa.
Candido Valle & Irmão, rua do Commercio.
Eugenio Brochini, rua de S. João.
Francisco Villares Pinto Palha, rua da Cadêa.
Guimarães & Filho, rua Municipal.
Gabriel de Moraes Dutra, rua Formosa.
Guilherme Platt, idem
João Xavier de Souza, rua de Santa Cruz.

Industrias e profissões

Armazens	62
Açougues	9
Advogados	6
Boticarios	2
Bilhares	2

58 ALMANAK

Barbeiros	2
Collegios	2
Fabricas de carros	3
Fabricas de cal.	2
Dentistas	2
Ferrarias	6
Hospedarias	3
Latoeiros	4
Mascates	4
Marceneiros	4
Medicos	4
Padarias	3
Serventuarios	4
Sellarias	2
Tabernas	8

As industrias e profissões são representadas por:

74 Brasileiros.
31 Portuguezes.
37 Allemães, italianos e de outras nacionalidades.

(Thomas C. de Molina, org.,
*Almanak de São João do Rio-Claro
para 1873*, p. 31, 57-8.)

Os **escravos** representavam a força de trabalho do país.

Por volta de 1881, a alemã Ulla von Eck morou em fazendas de café e também na cidade, como professora de filhos de fazendeiros. As cartas que relatam sua experiência, escritas para a irmã na Alemanha, foram publicadas no livro *Alegrias e tristezas de uma educadora alemã no Brasil*, sob o pseudônimo de Ina von Binzer. Sua observação sobre os negros na sociedade da época é significativa:

> *S. Francisco, 14 de agosto de 1881.*
>
> *Minha Grete do coração.*
>
> *Neste país, os pretos representam o papel principal; acho que, no fundo, são mais senhores do que escravos dos brasileiros.*
>
> *Todo trabalho é realizado pelos pretos, toda a riqueza é adquirida por mãos negras, porque o brasileiro não trabalha, e quando é pobre prefere viver como parasita em casa dos parentes e de amigos ricos, em vez de procurar ocupação honesta.*
>
> *Todo o serviço doméstico é feito por pretos: é um cocheiro preto quem nos conduz, uma preta quem nos serve, junto ao fogão o cozinheiro é preto e a escrava amamenta a criança branca; gostaria de saber o que fará essa gente, quando for decretada a completa emancipação dos escravos.*
>
> *Na nossa Europa muito pouco se sabe a respeito da lei referente a esse assunto e imaginávamos que a escravidão fora abolida.*
>
> *Mas não é assim. Foi determinado apenas que do dia de sua promulgação em diante, 28 de setembro de 1871, ninguém mais nasceria escravo no Brasil.*
>
> *Quem já vivia como cativo nessa época assim permanecerá até a morte, até o resgaste ou até a libertação.*
>
> *Os pretinhos nascidos agora não têm nenhum valor para seus donos, senão o de comilões inúteis.*

Por isso não se faz nada por eles, nem lhes ensinam como antigamente qualquer habilidade manual, porque, mais tarde, nada renderão.

Como são livres, porém, os brasileiros tratam-nos com mais estima e maior consideração do que os escravos natos. [...]

(p. 36.)

A cultura

No texto a seguir, também da alemã Ina von Binzer, devemos ter presente a formação europeia e a dificuldade da autora em adaptar-se a um país rural dos trópicos. Entretanto, apesar de suas observações cáusticas e ácidas sobre nosso meio cultural, seu comentário não está longe da verdade:

S. Paulo, 5 de abril de 1882.

Minha Grete do coração.

É verdade mesmo: São Paulo é o melhor lugar do Brasil para educadoras, tanto a capital, como toda a província, porque os moços da nova geração namoram a ciência e dão-se ares de erudição e de filosofia.

Somos uma cidade universitária!

Mas não pense em Bonn ou Heidelberg, pois a academia daqui não é senão uma Faculdade de Direito.

No interior da província há um seminário onde se preparam padres (esqueci o nome do lugar), aqui formam-se advogados e no Rio de Janeiro os discípulos de Esculápio, os doutores "par excelence".

Os brasileiros dão ótimos advogados, podendo dessa forma aproveitar seu talento declamatório.

Dão a vida por falar, mesmo quando é para não dizer nada. Com a eloquência que esbanjam num único discurso, poder-se-iam compor facilmente dez em nossa terra;

embora não possuam verdadeira eloquência nem marcada personalidade, falando todos com a mesma cadência tradicional usada em toda e qualquer circunstância. Tudo é exterior, tudo gesticulação e meia cultura.

O fraseado pomposo, a eloquencia enfática já são por si próprios falsos e teatrais; mas se você tirar a prova real, se indagar sobre qualquer assunto, não se revelam capazes de fornecer a informação desejada.

Há pessoas na alta direção do Partido Republicano que não conhecem a história nem a constituição do país nem muito menos as das outras nações. Há outros, que se dizem partidários do sistema filosófico do espiritual Comte, mas não compreendem os seus mais elementares ensinamentos. Alguns dão opinião sobre línguas estrangeiras, mas não sabem explicar nenhuma regra da sua própria.

Querem possuir sem demora todas as novidades no terreno da técnica, mas os engenheiros para a montagem vêm da Europa; quando estes se retiram, se por acaso se parte uma das peças das máquinas, nenhum nacional sabe consertá-la.

Não se encontra profundidade em parte alguma; e mesmo que procurem adquirir a cultura alemã em todos os campos da ciência, tudo ficará somente em superficial imitação, enquanto não o fizerem com a mesma perseverança, aplicação e seriedade dos alemães. Não se aproximam de nós por irresistíveis afinidades interiores e cada vez mais me convenço – e os próprios brasileiros o reconhecem – que de coração inclinam-se mais instintivamente para os franceses e outros povos latinos, mesmo quando se deixam empolgar pelo espírito alemão e pela energia inglesa.

Mas percebo que estou perorando; portanto, mudemos depressa para outro assunto. [...]

(p. 77-8.)

CAPÍTULO 5

Da Monarquia à República

"... isto de República, é 'fogo de palha'..."

(D. Pedro II, em 1889.)

A caminho da República

E, por fim, o café acabou por interferir na mudança do regime político.

Já lembramos que o desenvolvimento e apogeu da lavoura cafeeira transcorreu sob o regime monárquico, mais exatamente durante o Segundo Reinado (1840-1889). O Império brasileiro, tendo à frente o monarca D. Pedro II, acabou por sustentar-se no *império do café*. Essa monarquia, bastante centralizadora, atendia sobretudo aos interesses dos fazendeiros do velho vale do Paraíba, garantindo-lhes principalmente a manutenção do regime escravista. Desagradava porém a grupos importantes do centro-oeste, os *cafeicultores progressistas*, senhores do poder econômico, que ambicionavam pelo poder político; descontentava também a emergente *camada média urbana*, que via na Monarquia um regime de privilégios impedindo-lhe maior participação social; parte deste grupo, os *militares* estavam inconformados pelo não reconhecimento de sua importância no quadro do Império.

O ideal de Liberdade, Igualdade e Fraternidade, peculiar a uma República, era perseguido por elementos atuantes da sociedade da época. Em busca desses propósitos, foi fundado o Partido Republicano, constituído por fazendeiros, na sua maioria proprietários de muitos escravos e que pensavam na abolição, mas com indenização. Em 13 de maio de 1888, a lei Áurea pôs fim à escravatura no Brasil, porém sem indenização. A partir daí nada mais prendeu a nação ao regime monárquico.

Atravessando uma fase de progresso econômico, o país, que já tinha ferrovia, símbolo de progresso na época, queria se modernizar.

Fábrica de gás no Rio de Janeiro. (Saga – A grande história do Brasil, *p. 230.*)

A queda do imperador

Na página seguinte, a "República" conduz os cafeicultores adeptos da abolição com indenização. Na bandeira, as palavras de ordem: "ABAIXO A MONARQUIA ABOLICIONISTA. VIVA A REPÚBLICA COM INDENIZAÇÃO!".

Propaganda republicana. (Desenho de Angelo Agostini na Revista Ilustrada.*)*

Ao lado, a queda do imperador. Em 15 de novembro de 1889, a República era proclamada. A participação dos cafeicultores foi expressiva desde as primeiras horas da campanha republicana. O grupo cafeicultor chegava, enfim, ao poder político.

(Caricatura de Angelo Agostini, Revista Ilustrada.*)*

Fonte: IEB

VOCABULÁRIO

Açafatinho – Cestinho de vime.

Arrendatário – Pessoa que aluga terras, geralmente para agricultura ou pecuária.

Arroba – Medida antiga, que corresponde a aproximadamente 15 quilos.

Cabala eleitoral – Conseguir votos por meio de oferta de vantagens aos eleitores.

Cancro roedor – Moléstia, malefício.

Capital – 1. Riqueza. 2. Qualquer bem econômico que pode ser aplicado na produção. 3. Qualquer riqueza capaz de dar renda e que se emprega para obter nova produção. 4. Fundo do dinheiro ou patrimônio de uma empresa.

Capitão das ordenanças – Chefe de uma tropa de exército.

Cultura itinerante – Plantação que deve ser deslocada para novos terrenos, pois o solo se esgota após algum tempo.

Cultura predatória – Agricultura sem técnica, que provoca o esgotamento dos elementos químicos e biológicos dos solos.

Derriçar – Colher café, correndo a mão pelos galhos.

Desbordar – Ultrapassar os limites.

Eito – Roça onde trabalhavam os escravos.

Estiolamento – Deterioração, degradação.

Exação – Cobrança de dívida ou de impostos.

Febrífugo – Que combate a febre.

Fraldejar – Ocupar as partes baixas das serras.

Gabo – Elogio.

Galanteria – Gentileza, amabilidade, fineza.

Geento – Em que costuma gear; sujeito a geadas.

Gris – Cinzento.

GUASCA – Tira ou correia de couro cru.
JEREMIADA – Lamentação, queixa inútil.
LATIFÚNDIO – Grande propriedade rural.
MACERAÇÃO – Ato de amolecer grãos em calhas de madeira através de água em movimento.
MASSAPÉ – Solo escuro, argiloso, bom para a agricultura.
MEEIRO – Pessoa que planta em terreno alheio, repartindo o resultado das colheitas com o dono da terra.
MONOPÓLIO – Controle total da produção e venda de um produto.
NAFTA – Produto derivado do petróleo.
ORILHA – Margem, beira.
OVANTE – Vitorioso, triunfante.
PATRANHA – Mentira; história inventada.
PARCERIA – Contrato mediante o qual se cede a outro uma propriedade a fim de ser cultivada, repartindo-se os lucros conforme for estipulado.
PLEITO JUDICIÁRIO – Questão em juizo; ação judicial.
RIA – Braço navegável de rio.
RUBIÁCEA – Nome da família de plantas à qual pertence o café.
SUPLICANTE – Requerente, procurador.
TABICA – Sarrafo de madeira.
TIRADO – Puxado.
TOPOGRÁFICO – Referente à descrição ou representação do relevo terrestre.
TROPEIRO – Indivíduo que compra, vende e conduz tropas de burros.
VÉSTIA – Casaco curto, jaleco.

CRONOLOGIA

Expansão do café	Mão de obra	Transporte	Política
Origem Séc. XI – Abissínia			1500 – Brasil Colônia
Na Europa e colônias Séc. XVIII – Itália, França, Holanda, Inglaterra, Java, Ceilão, Madras, Martinica, São Domingos, Haiti, Cuba, Venezuela, Brasil			
No Brasil 1727 – Pará 1776 – Rio de Janeiro 1790 – Areias (São Paulo) 1791/98 – Zona da Mata (Minas Gerais) 1815 – Campinas (São Paulo)			1822 – Independência 1822/31 – Primeiro Reinado
1836 – Grande produtor: vale do Paraíba fluminense e paulista 1846 – Plantações na área da futura Mojiana	1831 – Proibição do tráfico (decreto regencial) 1845 – Bill Aberdeen 1847 – Sistema de parceria 1850 – Abolição do tráfico 1857 – Revolta de Ibicaba		1831/40 – Regências 1840/89 – Segundo Reinado
1854 – Bananal: maior produtor de café	1871 – Lei do Ventre Livre	1855 – Primeiras discussões sobre ferrovia 1867 – Inauguração da The São Paulo Railway (inglesa) 1872 – Inauguração da Companhia Paulista	
1880 – Avanço além dos campos de Araraquara 1886 – Campinas supera o vale do Paraíba	1885 – Lei dos Sexagenários 1888 – Lei da Abolição da Escravatura (Lei Áurea) 1888 – Imigração italiana expressiva	1875 – Inauguração da Companhia Mojiana e da Sorocabana 1877 – Ligação da ferrovia Pedro II a São Paulo	1889 – República

PARA SABER MAIS...

A reconstituição histórica pode se dar por vários caminhos, às vezes mais agradáveis de percorrer do que aqueles exclusivamente marcados por procedimentos tradicionais de ensino. Literatura, cinema e viagens são trilhas sedutoras, que conduzem o leitor mais interessado a fortes emoções e grandes descobertas.

1. Contos

Cidades mortas *(contos e impressões, 1919), de Monteiro Lobato*

Cidades vivas *(1924), de Breno Ferraz do Amaral (réplica ao anterior)*

2. Teatro

Os ossos do barão *(1964), de Jorge Andrade*

3. Filmes

Chamas no cafezal *(1954), direção de José Carlos Burle. Multifilmes*

Inocência *(1983), direção de Walter Lima Júnior. L. C. Barreto Produções Cinematográficas*

A moreninha *(1915), direção de Antônio Leal. Leal Filmes*

Sinhá moça *(1953), direção de Tom Payne. Estúdios Vera Cruz*

Escrava Isaura *(1949), direção de Eurides Ramos. A. P. Cinelândia*

Gaijin, os caminhos da liberdade *(1980), direção de Tizuka Yamazaki.*

4. Viagens

Exatamente por ser itinerante, o cafezal deixou marcas nas paisagens onde floresceu.

Algumas fazendas remanescentes permitem conhecer in loco *uma unidade de produção cafeeira, guardando ainda a sede primitiva, as senzalas e/ou colônias, terreiros, tulhas, etc.*

Você não perderá a viagem se, estabelecendo um roteiro prévio, procurá-las no vale do Paraíba fluminense e paulista. Neste, a Fazenda Pau d'Alho, no município de São José do Barreiro, tombada pela SPHAN, é aberta ao público. Ao seu redor estão muitas outras, algumas restauradas e em bom estado de conservação, como a Fazenda Boa Vista e a Fazenda Resgate, ambas no município de Bananal.

Já no interior do Estado de São Paulo, sugerimos que tome o trem na Estação da Luz e avance, dependendo do roteiro, pelas antigas linhas da Mojiana ou da Paulista. Nesta, a Fazenda do Pinhal, no município de São Carlos, tombada pela SPHAN e pelo Condephaat, guarda as características da época, constituindo-se em exemplar dos mais preservados.

BIBLIOGRAFIA

Muitas das obras listadas a seguir encontram-se nos acervos do Arquivo do Estado de São Paulo e da Biblioteca Municipal Mário de Andrade.

ALENCAR, Francisco et alli. *História da sociedade brasileira.* Rio de Janeiro, Ao Livro Técnico, 1985.

ALVIN, Zuleika M. F. *Brava gente! Os italianos em São Paulo.* São Paulo, Brasiliense, 1986.

ANDRADE, Carlos Drummond de. *Nova reunião: 19 livros de poesia.* 2. ed. Rio de Janeiro, J. Olympio, 1985.

ANDRADE, Antonio Luiz Dias de et alii. *Levantamento das técnicas e sistemas construtivos da região do vale do Paraíba – v. 14 – Santa Branca.* São Paulo, Condephaat, 1977.

BINZER, Ina von. *Alegrias e tristezas de uma educadora alemã no Brasil.* São Paulo, Anhembi, 1956.

BUESCU, Mircea. *História econômica do Brasil.* Rio de Janeiro, APEC, 1970.

DANTAS, José. *História do Brasil.* São Paulo, Moderna, 1989.

DAVATZ, Thomas. *Memórias de um colono no Brasil.* São Paulo, Martins/Edusp, 1972.

DEAN, Warren. *Rio Claro: um sistema brasileiro de grande lavoura (1820-1920).* São Paulo, Paz e Terra, 1977.

DINIZ, Diana Maria de Faro Leal. 'Ferrovia e expansão cafeeira: um estudo da modernização dos meios de transporte'. *Revista de História,* nº 104, São Paulo, 1975.

ELLIS, Myriam. *O café, literatura e história.* São Paulo, Melhoramentos/USP, 1977.

FERREZ, Gilberto. *Pioneiros da cultura do café: a iconografia primitiva do café.* Rio de Janeiro, H.H.G.B., 1972.

FORJAZ, Djalma. *O senador Vergueiro, sua vida e sua época (1778-1859)*. São Paulo, Oficina do Diário Oficial, 1924.

GODOY, Joaquim Floriano de. *A província de São Paulo. Trabalho estatístico, histórico e noticioso.* São Paulo, Governo do Estado, 1978.

GORDINHO, Margarida Cintra. *A Casa do Pinhal.* São Paulo, Ed. C. H. Knapp, 1985.

KOSSOY, Bóris. *São Paulo, 1900.* São Paulo, CBPO/Kosmos, 1988.

LAPA, José Roberto do Amaral. *A economia cafeeira.* São Paulo, Brasiliense, 1983.

LIMA, Heitor Ferreira. *História político-econômica e industrial do Brasil.* São Paulo, Ed. Nacional, 1970.

LISBOA, José Maria, org. *Almanach literário de São Paulo para 1878.* Ed. facsimilar. São Paulo, IMESP/DAESP, s. d.

LOBATO, Monteiro, *A onda verde.* São Paulo, Revista do Brasil, 1921.

LUNÉ, Antonio Batista de, org., *Almanak da província de São Paulo para o ano de 1873.* Ed. facsimilar. São Paulo, IMESP/DAESP, 1985.

MAGALHÃES, Basílio de. *O café na história, no folclore e nas belas-artes.* São Paulo, Ed. Nacional, 1939.

MAGALHÃES JR., Raimundo. *O império em chinelos.* Rio de Janeiro, Civilização Brasileira, 1957.

MARINS, Francisco. *Clarão na serra.* São Paulo, Melhoramentos, 1974.

MERCADANTE, Paulo et alii. *Fazendas: solares da região cafeeira no Brasil imperial.* Rio de Janeiro, Nova Fronteira, 1986.

MILLIET, Sérgio. *Roteiro do café e outros ensaios.* São Paulo, Hucitec/INL, 1982.

MOLINA, Thomaz Carlos de, org. *Almanak de São João do Rio-Claro para 1873.* Ed. facsimilar. São Paulo, IMESP/DAESP, 1981.

PINTO, Virgílio Noya. 'Balanço das transformações econômicas no século XIX'. In: MOTA, Carlos

Guilherme, org. *Brasil em perspectiva.* São Paulo, Difel, 1968.

PRADO JÚNIOR, Caio. *História econômica do Brasil.* São Paulo, Brasiliense, 1967.

RIBEIRO, Júlio. *A carne.* Rio de Janeiro, Francisco Alves, 1917.

RICARDO, Cassiano. *Martim Cererê.* São Paulo, Ed. Nacional, 1936.

RODRIGUES, Marly et alii. *Bananal. Estudo de tombamento.* São Paulo, Condephaat, 1986. mimeo.

SAGA – A Grande História do Brasil. São Paulo, Abril, 1981. v. 3, 4 e 5.

SAINT-HILAIRE, Auguste de. *Segunda viagem a São Paulo e quadro histórico da província de São Paulo.* São Paulo, Comissão do IV Centenário, 1954.

SILVA, Eduardo. *Barões e escravidão.* Rio de Janeiro, Nova Fronteira/Pró-Memória/INL, 1984.

SMITH, Herbert Huntington. *Uma fazenda de café no tempo do Império.* Rio de Janeiro, Departamento Nacional do Café, 1941.

SODRÉ, Nelson Werneck. *História da burguesia brasileira.* 2. ed. Rio de Janeiro, Civilização Brasileira, 1967.

STEIN, Stanley J. *Grandeza e decadência do café no vale do Paraíba.* São Paulo, Brasiliense, 1961.

TRUZZI, Oswaldo. *Café e indústria. São Carlos: 1850-1950.* São Carlos, Arquivo de História Contemporânea, UFSCAR, 1986.

TSCHUDI, Johann Jakob von. *Viagem às províncias do Rio de Janeiro e São Paulo.* São Paulo/Belo Horizonte, Edusp/Itatiaia, 1980.

VILHENA, Elizabeth Silveira Cabral. *A imprensa periódica e o café.* Dissertação de Mestrado. São Paulo, USP, 1979. mimeo.

WERNECK, Francisco Peixoto de Lacerda (Barão de Pati do Alferes). *Memória sobre a fundação de uma fazenda na província do Rio de Janeiro.* Introdução de Eduardo Silva. Brasília, Rio de Janeiro, Senado Federal/Fundação Casa de Rui Barbosa, 1985.

ZALUAR, Augusto Emílio. *Peregrinação pela província de São Paulo (1860-1861)*. São Paulo, Comissão do IV Centenário, 1954.

IMPÉRIO DO CAFÉ

A grande lavoura no Brasil – 1850 a 1890

Ana Luiza Martins

ATUAL EDITORA

UMA PROPOSTA DE TRABALHO

Nome: ______________________________

Escola: ______________________ **Grau:** _______ **Ano:** _______

Império do café – A grande lavoura no Brasil permite recuperar momentos decisivos do processo histórico brasileiro. Tendo como cenário as grandes plantações de café, o leitor descortina, através dos documentos, as transformações econômicas, políticas e sociais do país. É uma viagem que vai do campo à cidade, onde se descobre uma nova sociedade, enquanto se assiste à implantação de outro regime político. Neste trajeto, os documentos diversificados revelam que a História não é uma só, cabendo ao leitor a conclusão sobre a avaliação do período.

PARTE I – ENSAIO INTRODUTÓRIO

1. Após a leitura do Ensaio Introdutório, cite três transformações desencadeadas pela cultura cafeeira no Brasil.

____

____

____

PARTE II – PERCORRENDO OS DOCUMENTOS

1. Como tudo começou?

2. Cite os países europeus que cultivaram o café e suas respectivas colônias.

____

____

2. Do açúcar ao café

3. Indique três vantagens do plantio do café em relação à cana-de-açúcar.

4. Leia o item 'Os cenários da expansão'. Cite as regiões de grande produção cafeeira.

5. Leia o item 'Duas formas de produzir'. Dê dois exemplos do progresso do Velho Oeste e do atraso do vale do Paraíba.

6. Ao concluir a leitura dos documentos do item 'Uma cultura predatória e itinerante', faça uma pequena descrição do processo de cultivo e aproveitamento do café sob o título: 'Da semente à xícara'.

16. Entre os colegas de classe, verifique quais deles são de famílias que se estabeleceram atraídas pela lavoura do café. Faça um relatório dando conta de sua ascendência.

4. Do rural ao urbano

17. Leia o item 'A ferrovia' e responda: qual a importância da ferrovia para o progresso da região cafeicultora?

18. Consulte o mapa sobre 'A teia ferroviária'. Destaque as ferrovias que mais avançaram pela província e cite algumas cidades de seu trajeto.

19. Leia o item 'A sociedade' e responda: como se constituía a sociedade do apogeu do café?

20. Leia o documento do item 'A cultura'. Quem é o autor do texto? Como percebeu a cultura dos brasileiros no apogeu do café?

5. Da Monarquia à República

21. Leia no Ensaio Introdutório, Parte I, o segmento 'Que mudança era essa?'. Em seguida, a partir dessas informações e da leitura do capítulo 5, responda: como o Imperador foi parar no chão? Ou melhor, por que caiu a Monarquia?